公路工程试验与检测

刘小明　马昆林　主编

中南大学出版社
www.csupress.com.cn
·长沙·

目　录

第1章　绪　论

1.1　试验与检测概述

1.1.1　试验与检测的目的和意义

试验与检测工作是公路工程质量管理的一个重要组成部分，是实现公路工程质量科学管理的重要手段。客观、准确、及时的试验检测数据是公路工程实践的真实记录，是指导、控制和评定工程质量的科学依据。开展公路工程试验与检测的目的和意义如下：

（1）试验与检测是用定量的方法对用于公路工程的各种原材料、成品或半成品进行科学地鉴定，判断其质量是否符合国家质量标准和设计文件的要求，对其做好接收或拒收的决定，保证用于工程的原材料都是合格产品，是控制施工质量的主要手段。

（2）试验与检测是对公路工程施工的全过程进行质量控制和检测试验，保证施工过程中每个部位、每道工序的工程质量均满足有关标准和设计文件的要求，是提高工程质量、创优质工程的重要保证。

（3）通过各种试验试配，经济合理地选用原材料，为企业创造良好的经济效益打下坚实的基础。

（4）对于新材料、新技术、新工艺，通过试验检测和研究，鉴定其是否符合国家标准和设计要求，为完善设计理论和施工工艺积累实践资料，为推广和发展新材料、新技术、新工艺作贡献。

（5）试验检测是评价工程质量缺陷、鉴定和预防工程质量事故的手段。通过试验检测，为质量缺陷或事故判定提供实测数据，以便准确判定其性质、范围和程序，合理评价事故损失，明确责任，从中总结经验教训。

（6）分项工程、分部工程、单位工程完成后，均要对其进行适当的抽验，以便进行质量等级的评定。

（7）为工程竣工验收提供完整的试验检测证据，保证向业主交付合格工程。

（8）试验检测工作集试验检测基本理论、测试操作技能和公路工程相关学科的基础知识于一体，是工程设计参数、施工质量控制、工程验收评定、养护管理决策的主要依据。

1.1.2　试验与检测工作的任务

（1）在选择料场和确定料源时，对未进场的原材料进行质量鉴定，根据原材料质量和经济合理的原则，选定料源。

（2）对于运往施工现场的原材料，按有关规定的频率进行质量鉴定。

（3）对于外单位供应的构件、制品，在查验其出厂质检资料后，做适量的抽检验证。

（4）做各种混合料的配合比试配，在确保工程质量的前提下，经济合理地选用配合比。

（5）负责施工过程中的施工质量控制。

（6）负责推广、研究、应用新材料、新技术、新工艺，并用试验数据论证其可靠性。

（7）负责试验样品的有效期保存，以备必要时复查。

（8）负责项目所有试验资料的整理、报验、保管，以利于竣工资料的编制、归档。

（9）参加各级组织的质量检查，并提供相应的资料；参与工程质量事故的调查分析，配合做各种试验与检测工作。

（10）对于一些项目试验室无法检测的项目，负责联系、委托具有公路资质的试验检测机构进行检测试验。

（11）协助、配合监理工程师、业主和当地质量监督部门开展抽检工作。

（12）做好分包工程的试验检测和质量管理工作。

1.1.3 施工过程中的质量控制与试验管理

施工过程中的试验管理是试验管理工作的重点，只有控制好施工过程中每个环节的质量，才能保证整个工程的质量。工程的最后质量是过程质量的总体体现。做好施工过程的控制，是试验人员的重要职责。因此，试验人员应有强烈的职业责任感，敢于坚持原则，为保证工程质量尽心尽职。

1.2 道路工程试验与检测教学发展现状

道路工程试验与检测是道路与铁道工程专业方向的一门必修课程。中南大学的"道路试验与检测"课程伴随着我国公路交通行业的发展和学校道路与铁道工程专业（国家重点学科）的建设而不断发展。为了保证我国公路交通行业人才培养的质量，满足本专业人才培养的时代要求，笔者所在院校作为原高等学校土建专业教学指导委员会主任委员单位、现道路运输与工程教学指导分委员会主任委员单位和21世纪交通版高等学校教材（道路与铁道工程）编审委员会主任委员单位，始终高度重视该课程教材的建设与改革。在保证学生掌握基本理论知识的同时，教学内容保持与行业科技发展的前沿趋势同步更新，依托笔者所在院校在道路与铁道工程研究中的强大实力，以道路与铁道工程国家重点学科为支撑，不断将科研成果和成熟技术充实到课堂实践教学内容和课外试验中来，极大地丰富了教学内容，拓宽了学生视野。同时，伴随科技的发展和教学条件的改善，笔者所在院校教师在对该课程授课时，采用多媒体课件及网络教学，从而在有限的教学时数内，更直观、生动、形象地介绍知识点。此外，作为一门实践课，培养学生的综合能力与创新能力一直以来都受到很高的重视，除了基本试验和现场试验外，课程还包括14个课时的综合试验、创新试验和数值试验等教学环节，并介绍当前公路工程试验与检测领域的新技术新方法，培养了学生的综合能力，增强了学生的工程特点。

经过多年的历史积淀，凝聚了笔者所在院校几代人的心血和汗水，目前"道路试验与检测"课程已成为道路与铁道工程专业和交通工程等专业的重要必修课。该课程从最初单一的常规试验，到组织学生现场试验为补充，再到后来的配合比设计、创新试验、数值试验等实践教学环节的进一步完善，现在已形成完整的教学体系，常规试验与创新试验相得益彰，具有自身独特的风格和内涵，成为一门深受学生喜爱和社会反响良好的经典课程。

　　道路试验与检测主要包括公路工程材料的基本性能试验；道路工程现场试验，以及矿料与混凝土配合比设计，按照 21 世纪土木工程专业人才培养方案和教学要求，工程建设愈来愈需要宽口径、厚基础的专业人才，而传统的土木工程施工课程的教学内容、方法和考核等都存在一些问题。作为专业必修课程的"道路试验与检测"，急需编写新的课程教材，以配合 21 世纪人才教育培养计划。

第2章 公路工程质量检验评定方法与试验数据处理

2.1 公路工程质量检验评定方法

2.1.1 概述

为加强公路工程质量管理，规范公路工程施工质量的检验评定，统一工程质量检验标准和评定标准，保证工程质量，交通运输部制定了《公路工程质量检验评定标准 第一册 土建工程》(JTG F80/1—2017)。该标准适用于各等级公路新建与改扩建工程施工质量的检验评定。

公路工程质量检验评定应按分项工程、分部工程、单位工程逐级进行，并应符合下列规定。

(1)单位工程。

在合同段中，具有独立施工条件和结构功能的工程为单位工程。

(2)分部工程。

在单位工程中，按路段长度、结构部位及施工特点等划分的工程为分部工程。

(3)分项工程。

在分部工程中，根据施工工序、工艺或材料等划分的工程为分项工程。

单位工程、分部工程和分项工程应在施工准备阶段进行划分，具体如表2-1所示。

表2-1 一般建设项目的工程划分

单位工程	分部工程	分项工程
路基工程（每10 km或每标段）	路基土石方工程(1~3 km路段)①	土方路基、填石路基、软土地基处置，土工合成材料处置层等
	排水工程(1~3 km路段)①	管节预制，混凝土排水管施工，(雨水)井砌筑检查，土沟，浆砌水沟，盲沟，跌水，急流槽，水簸箕，排水泵站沉井、沉淀池等
	小桥及符合小桥标准的通道，人行天桥，渡槽(每座)	钢筋加工及安装，砌体，混凝土扩大基础，钻孔灌注桩，混凝土墩、台身安装，台背填土，就地浇筑梁、板，预制安装梁、板，就地浇筑拱圈，混凝土桥面板桥面防水层，支座垫石和挡块，支座安装，伸缩装置安装，栏杆安装，混凝土护栏，桥头搭板，砌体坡面护坡，混凝土构件表面防护，桥梁总体等
	涵洞、通道(1~3 km路段)①	钢筋加工及安装，涵台，管节预制，管座及涵管安装，波形钢管涵安装，盖板预制，盖板安装，箱涵浇筑，拱涵浇(砌)筑，倒虹吸竖井、集水井砌筑，一字墙和八字墙，涵洞填土，顶进施工的涵洞，砌体坡面防护，涵洞总体等
	防护支挡工程(1~3 km路段)①	砌体挡土墙，墙背填土，边坡锚固防护，土钉支护，砌体坡面防护，石笼防护，导流工程等
	大型挡土墙、组合挡土墙(每处)	钢筋加工及安装，砌体挡土墙，悬臂式挡土墙，扶壁式挡土墙，锚杆、锚定板和加筋土挡土墙，墙背填土等
路面工程（每10 km或每标段）	路面工程(1~3 km路段)①	垫层，底基层，基层，面层，路缘石，路肩等

注：①按路段长度划分的分部工程，高速公路、一级公路宜取低值，二级及二级以下公路可取高值。

2.1.2 工程质量检验

分项工程完工后，应根据《公路工程质量检验评定标准　第一册　土建工程》(JTG F80/1—2017)进行检验，对工程质量进行评定。隐蔽工程在隐蔽前应检查是否合格。分部工程、单位工程完工后，应汇总评定所属分项工程、分部工程质量资料，检查外观质量，对工程质量进行评定。分项工程应按基本要求、实测项目、外观质量和质量保证资料等检验项目分别检查。分项工程质量应在所使用的原材料、半成品、成品及施工控制要点等符合基本要求的规定，无外观质量限制缺陷且质量保证资料真实齐全时，方可进行检验评定。

1. 基本要求检查

分项工程应对所列基本要求逐项检查，经检查不符合规定时，不得进行工程质量的检验评定。分项工程所用的各种原材料的品种、规格、质量及混合料配合比和半成品、成品应符合有关技术标准规定并满足设计要求。

2. 实测项目检验

对检查项目按规定的检查方法和频率进行随机抽样检验并计算合格率。以《公路工程质量检验评定标准　第一册　土建工程》(JTG F80/1—2017)规定的检查方法为标准方法，采用其他高效检测方法应经比对确认。《公路工程质量检验评定标准　第一册　土建工程》(JTG F80/1—2017)中以路段长度规定的检查频率为双车道路段的最低检查频率，对于多车道应按车道数与双车道数之比相应增加检查次数。

应按式(2-1)计算检查项目合格率：

$$检查项目合格率(\%) = \frac{合格的点(组)数}{该检查项目的全部检查点(组)数} \times 100 \qquad (2-1)$$

3. 检查项目合格判定标准

(1)关键项目的合格率应不低于95%(机电工程为100%)，否则该检查项目为不合格。

(2)一般项目的合格率应不低于80%，否则该检查项目为不合格。

(3)有规定极值的检查项目，任一单个检测值不应突破规定极值，否则该检查项目为不合格。

(4)采用《公路工程质量检验评定标准　第一册　土建工程》(JTG F80/1—2017)附录B至附录S所列方法进行检验评定的检查项目，不满足要求时，该检查项目为不合格。

(5)全面检查外观质量，并满足规定要求，否则该检验项目为不合格。

检验项目评为不合格的，应进行整修或返工处理直至合格。

4. 质量保证资料

工程应有真实、准确、齐全、完整的施工原始记录、试验检测数据、质量检验结果等质量保证资料。质量保证资料应包括下列内容：

(1)所用原材料、半成品和成品质量检验结果。

(2)材料配合比、拌和加工控制检验和试验数据。

(3)地基处理、隐蔽工程施工记录和桥梁、隧道施工监控资料。

(4)质量控制指标的试验记录和质量检验汇总图表。

(5)施工过程中遇到的非正常情况记录及其对工程质量影响的分析评价资料。

(6)施工过程中如发生质量事故，经处理补救后达到设计要求和认可证明文件等。

2.1.3　工程质量评定

工程质量等级应分为合格和不合格。分项工程、分部工程、单位工程质量评定应有符合《公路工程质量检验评定标准　第一册　土建工程》(JTG F80/1—2017)附录 K 规定的分项工程质量检验评定表、分部工程质量检验评定表和单位工程质量检验评定表。

1. 分项工程质量评定合格要求

(1)检验记录应完整。

(2)实测项目应合格。

(3)外观质量应满足要求。

2. 分部工程质量评定合格要求

(1)评定资料应完整。

(2)所含分项工程及实测项目应合格。

(3)外观质量应满足要求。

3. 单位工程质量评定合格要求

(1)评定资料应完整。

(2)所含分部工程应合格。

(3)外观质量满足要求。

评定为不合格的分项工程、分部工程，经返工、加固、补强或调测，满足设计要求后，可重新进行检验评定。所含单位工程合格，该合同段评定为合格；所含合同段合格，该建设项目评定为合格。

2.2　路基路面工程质量检查项目

2.2.1　路基一般规定

(1)土方路基和填石路基的实测项目的规定值或允许偏差按高速公路、一级公路，以及其他公路(指二级及以下公路)两挡确定，其中土方路基压实度应按高速公路、一级公路，二级公路，三、四级公路三档确定。

(2)路基压实度应分层检测，上路床压实度应按《公路工程质量检验评定标准　第一册　土建工程》(JTG F80/1—2017)附录 B 的规定进行评定。路基工程其他检查项目应在上路床进行检查测定。

(3)土质路肩工程可作为路面工程的一个分项工程进行检查评定。

(4)收费广场及服务区道路、停车场的土方工程压实标准可按土方路基要求进行检验。

2.2.2　土方路基

1. 基本要求

(1)在路基用地和取土坑范围内，应清除地表植被、杂物、积水、淤泥和表土，处理坑塘，并按施工技术规范和设计要求对基底进行压实。表土应充分利用。

(2)填方路基应分层填筑压实，每层表面平整，路拱合适，排水良好，不得有明显碾压轮迹，不得亏坡。

（3）应设置施工临时排水系统，避免冲刷边坡，路床顶面不得积水。

（4）在设定取土区内合理取土，不得滥开滥挖。完工后应按要求对取土坑和弃土场进行修整。

2. 实测项目

土方路基实测项目如表2-2所示。

表2-2　土方路基实测项目

项次	检查项目			规定值或允许偏差			检查方法和频率
				高速公路一级公路	其他公路		
					二级公路	三、四级公路	
1	压实度/%	上路床		0~0.3 m	≥96	≥95	≥94	按有关方法检查；密度法：每200 m每压实层测2处
		下路床	轻、中及重交通荷载等级	0.3~0.8 m	≥96	≥95	≥94	
			特重、极重交通荷载等级	0.3~1.2 m	≥96	≥95	—	
		上路提	轻、中及重交通荷载等级	0.8~1.5 m	≥94	≥94	≥93	
			特重、极重交通荷载等级	1.2~1.9 m	≥94	≥94	—	
		下路提	轻、中及重交通荷载等级	>1.5 m	≥93	≥92	≥90	
			特重、极重交通荷载等级	>1.9 m				
2	弯沉/(0.01 mm)			不大于设计验收弯沉值			按标准检查
3	纵断高程/mm			+10，-15	+10，-20		水准仪：中线位置每200 m测2点
4	中线偏位/mm			50	100		全站仪：每200 m测2点，弯道加HY、YH两点
5	宽度/mm			满足设计要求			尺量：每200 m测4点
6	平整度/mm			≤15	≤20		3 m直尺：每200 m测2处×5尺
7	横坡/%			±0.3	±0.5		水准仪：每200 m测2个断面
8	边坡			满足设计要求			尺量：每200 m测4点

注：①表列压实度系按现行《公路土工试验规程》（JTG 3430—2020）重型击实试验所得最大干密度求得的压实度。评定段内的压实度平均值下置信界限不得小于规定标准，单个测定值不得小于极值（表列规定值减5个百分点）。按测定值不小于表列规定值减2个百分点的测点占总检查点数的百分率计算合格率。②特殊干旱、特殊潮湿地区或过湿路基等，可按路基设计、施工规范所规定的压实度标准进行评定。③三、四级公路铺筑沥青混凝土或水泥混凝土路面时路基压实度应采用二级公路标准。

3. 外观质量要求

(1)路基边线与边坡不应出现单向累计长度超过 50 m 的弯折。

(2)路基边坡、护坡道、碎落台不得有滑坡、塌方或深度超过 100 mm 的冲沟。

2.2.3 填石路基

1. 基本要求

(1)填石路基应分层填筑压实,每层表面平整,路拱合适,排水良好,上路床不得有碾压轮迹,不得亏坡。

(2)修筑填石路基时应进行地表清理,填筑层厚度应符合规范规定并满足设计要求,填石空隙用石渣、石屑嵌压稳定。

(3)填石路基应通过试验路确定沉降差控制标准。

2. 实测项目

填石路基实测项目如表 2-3 所示。

表 2-3 填石路基实测项目

项次	检查项目		规定值或允许偏差		检查方法和频率
			高速公路一级公路	其他公路	
1	压实①		孔隙率满足设计要求		密度法:每 200 m 每压实层测 1 处
			沉降差≤试验路确定的沉降差		精密水准仪:每 50 m 测 1 个断面,每个断面测 5 点
2	弯沉/(0.01 mm)		不大于设计值		按标准检查
3	纵断高程/mm		+10,-20	+10,-30	水准仪:中线位置每 200 m 测 2 点
4	中线偏位/mm		≤50	≤100	全站仪:每 200 m 测 2 点,弯道加 HY、YH 两点
5	宽度/mm		满足设计要求		尺量:每 200 m 测 4 点
6	平整度/mm		≤20	≤30	3 m 直尺:每 200 m 测 2 处×5 尺
7	横坡/%		±0.3	±0.5	水准仪:每 200 m 测 2 个断面
8	边坡	坡度	满足设计要求		尺量:每 200 m 测 4 点
		平顺度	满足设计要求		

注:①上下路床填土时压实度检验标准同土方路基。

3. 外观质量要求

(1)路基边线与边坡不应出现单向累计长度超过 50 m 的弯折。

(2)上边坡不得有危石。

2.2.4 土工合成材料处置层

1. 基本要求

(1)土工合成材料应无老化,外观应无破损、污染。

(2)土工合成材料应紧贴下承层,按设计和施工要求铺设、张拉、固定。

（3）土工合成材料的接缝搭接、黏结强度和长度应满足设计要求，上、下层土工合成材料搭接缝应交替错开。

2. 实测项目

加筋工程、隔离工程、过滤排水工程、防裂工程土工合成材料处置层实测项目分别如表 2-4~表 2-7 所示。

表 2-4 加筋工程土工合成材料处置层实测项目

项次	检查项目	规定值或允许偏差	检查方法和频率
1	下承层平整度、拱度	满足设计要求	每 200 m 检查 4 处
2	搭接宽度/mm	+50, 0	尺量：抽查 2%
3	搭接缝错开距离/mm	满足设计要求	尺量：抽查 2%
4	锚固长度/mm	满足设计要求	尺量：抽查 2%

表 2-5 隔离工程土工合成材料处置层实测项目

项次	检查项目	规定值或允许偏差	检查方法和频率
1	下承层平整度、拱度	满足设计要求	每 200 m 检查 4 处
2	搭接宽度/mm	+50, 0	尺量：抽查 2%
3	搭接缝错开距离/mm	满足设计要求	尺量：抽查 2%
4	搭接处透水点	不多于 1 个点	每缝

表 2-6 过滤排水工程土工合成材料处置层实测项目

项次	检查项目	规定值或允许偏差	检查方法和频率
1	下承层平整度、拱度	满足设计要求	每 200 m 检查 4 处
2	搭接宽度/mm	+50, 0	尺量：抽查 2%
3	搭接缝错开距离/mm	满足设计要求	尺量：抽查 2%

表 2-7 防裂工程土工合成材料处置层实测项目

项次	检查项目	规定值或允许偏差	检查方法和频率
1	下承层平整度、拱度	满足设计要求	每 200 m 检查 4 处
2	搭接宽度/mm	≥50（横向） ≥150（纵向）	尺量：抽查 2%
3	黏结力/N	≥20	抽查 2%

3. 外观质量要求

（1）土工合成材料无重叠、皱折。

（2）土工合成材料固定处不应松动。

2.2.5 路面工程一般规定

（1）路面工程的实测项目规定值或允许偏差应按高速公路、一级公路，以及其他公路两挡确定，路面结构层厚度检验标准均为允许偏差。

（2）垫层应按相同材料的底基层检验。透层、粘层和封层的基本要求应与《公路工程质量检验评定标准　第一册　土建工程》(JTG F80/1—2017)第7.5.1条沥青表面处置面层相同。水泥混凝土面层中钢筋加工及安装分项工程应按《公路工程质量检验评定标准　第一册　土建工程》(JTG F80/1—2017)第8章的要求进行检验。

（3）水泥混凝土上加铺沥青面层的复合式路面，两种结构均应进行检验评定。其中，水泥混凝土路面结构可不检查抗滑构造深度，平整度应符合相应等级公路的标准；沥青面层可不检查弯沉。

（4）稳定土基层和底基层包括水泥土、石灰土、石灰粉煤灰、石灰粉煤灰土等；稳定粒料基层和底基层包括水泥稳定材料、石灰稳定材料、石灰粉煤灰稳定材料、水泥粉煤灰稳定材料等。

（5）粒料基层完工后应及时洒布透层油并铺筑封层，透层油透入深度应不小于5 mm，无机结合料稳定材料基层透层油透入深度宜不小于3 mm。

2.2.6　水泥混凝土路面层

1. 基本要求

(1)基层质量应符合规范规定并满足设计要求，表面清洁、无浮土。

(2)接缝、填缝料应符合规范规定并满足设计要求。

(3)接缝的位置、规格、尺寸及传力杆、拉力杆的设置应满足设计要求。

(4)混凝土路面铺筑后按施工规范要求养护。

(5)应对干缩、温缩产生的裂缝进行处理。

2. 实测项目

水泥混凝土面层实测项目如表2-8所示。

表 2-8　水泥混凝土面层实测项目

项次	检查项目		规定值或允许偏差		检查方法和频率
			高速公路、一级公路	其他公路	
1	弯拉强度/MPa		在合格标准内		按有关方法检查
2	板厚度/mm	代表值	−5		按有关方法检查，每200 m测2点
		合格值	−10		
		极值	−15		
3	平整度①	σ/mm	≤1.32	≤2.0	平整度仪；全线每车道连续检测，每100 m计算σ、IRI
		IRI/(m·km⁻¹)	≤2.2	≤3.3	
		最大间隙 h/mm	3	5	3 m直尺；每半幅车道每200 m测2处×5尺
4	抗滑构造深度/mm	一般路段	0.7~1.1	0.5~1.0	铺砂法；每200 m测1处
		特殊路段②	0.8~1.2	0.6~1.1	

续表2-8

项次	检查项目		规定值或允许偏差		检查方法和频率
			高速公路、一级公路	其他公路	
5	横向力系数 SFC	一般路段	≥50	—	按有关方法检查:每20 m测1点
		特殊路段[②]	≥55	≥50	
6	相邻板高差/mm		≤2	≤3	尺量:胀缝每条测2点;纵、横缝每200 m抽查2条、每条测2点
7	纵、横缝顺直度/mm		≤10		纵缝20 m拉线尺量:每200 m测4处;横缝沿板宽拉线尺量:每200 m测4条
8	中线平面偏位/mm		20		全站仪:每200 m测2点
9	路面宽度/mm		±20		尺量:每200 m测4点
10	纵断高程/mm		±10	±15	水准仪:每200 m测2个断面
11	横坡/%		±0.15	±0.25	水准仪:每200 m测2个断面
12	断板率[③]/%		≤0.2	≤0.4	目测:全部检查,计算断板面板块数占总块数比例

注:①表中 σ 为平整度仪测定的标准差;IRI 为国际平整度指数;h 为3 m直尺与面层的最大间隙。

②特殊路段:高速公路、一级公路特殊路段包括立体交叉匝道、平面交叉口、弯道、变速车道、组合坡度不小于3%坡度段、桥面、隧道路面及收费站广场等处;其他公路特殊路段包括设超高路段、组合坡度大于或等于4%坡度段、交叉口路段、桥面及其上下坡段、隧道路面及集镇附近路段等处。

③断板率中包含断角率,应统计行车道与超车道面板,不计硬路肩板,不计入修复后的面板。

3. 外观质量要求

(1)不应出现《公路工程质量检验评定标准 第一册 土建工程》(JTG F80/1—2017)附录P中板的外观限制缺陷。

(2)面板不应有坑穴、鼓包和掉角。

(3)接缝灌注不得漏填、松脱,不应污染路面。

(4)路面应无积水。

2.2.7 沥青混凝土路面层和沥青碎(砾)石面层

1. 基本要求

(1)基层质量应符合规范规定并满足设计要求,表面应干燥、清洁、无浮土。

(2)应严格控制沥青混合料拌和的加热温度。拌和后的沥青混合料应均匀、无花白、无粗细料分离和结团成块现象。

(3)应按规定要求控制碾压工艺,严格控制摊铺和碾压温度。

2. 实测项目

沥青混凝土面层和沥青碎(砾)石面层实测项目如表2-9所示。

表 2-9　沥青混凝土面层和沥青碎(砾)石面层实测项目

项次	检查项目		规定值或允许偏差		检查方法和频率
			高速公路、一级公路	其他公路	
1	压实度①/%		≥试验室标准密度的96%(＊98%) ≥最大理论密度的92%(＊94%) ≥试验段密度的98%(＊99%)		按有关方法检查，每200 m测1点。核子(无核)密度仪每200 m测1处，每处5点
2	平整度	σ/mm	≤1.2	≤2.5	平整度仪：全线每车道连续检测，按每100 m计算 IRI 或 σ
		IRI/(m·km^{-1})	≤2.0	≤4.2	
		最大间隙 h/mm	—	≤5	3 m直尺：每200 m测2处×5尺
3	弯沉值/(0.01 mm)		不大于设计验收弯沉值		按有关方法检查
4	渗水系数/(mL·min^{-1})	SMA 路面	≤120	—	渗水试验仪：每200 m测1处
		其他沥青混凝土路面	≤200		
5	摩擦系数		满足设计要求	—	摆式仪：每200 m测1处 横向力系数测定车：全线连续检测，按有关方法评定
6	构造深度		满足设计要求	—	铺砂法：每200 m测1处
7	厚度②/mm	代表值	总厚度：−5%H 上面层：−10%h	−8%H	按有关方法检查，每200 m测1点
		合格值	总厚度：−10%H 上面层：−20%h	−15%H	
8	中线平面偏位/mm		20	30	全站仪：每200 m测2点
9	纵断高程/mm		±15	±20	水准仪：每200 m测2个断面
10	宽度/mm	有侧石	±20	±30	尺量：每200 m测4个断面
		无侧石	不小于设计值		
11	横坡/%		±0.3	±0.5	水准仪：每200 m测2个断面
12	矿料级配		满足生产配合比要求		T 0725，每台班1次
13	沥青含量		满足生产配合比要求		T 0722、T 0721、T 0735，每台班一次
14	马歇尔稳定度		满足生产配合比要求		T 0709，每台班1次

　注：①表内压实度，高速公路、一级公路应选用2个标准评定，以合格率低的作为评定结果；其他公路选用1个标准进行评定。带＊号者是指 SMA 路面。

　②表列沥青层厚度仅规定负允许偏差。H 为沥青层总厚度，h 为沥青上面层厚度；其他公路的厚度代表值和合格值允许偏差按总厚度计，当 H≤60 mm 时，允许偏差分别为−5 mm 和−10 mm；当 H>60 mm 时，允许偏差分别为−8%H 和−15%H。

3. 外观质量要求

(1)表面裂缝、松散、堆挤、碾压轮迹、油丁、泛油、离析的累计长度不得超过 50 m。

(2)搭接处烫缝应无枯焦。

(3)路面应无积水。

2.3　路基路面现场随机抽样和评定方法

2.3.1　钻芯和切割取样方法

为了公正合理地反映工程质量状况,取样的位置不应带有任何倾向性,应根据《公路路基路面现场测试规程》(JTG 3450—2019)来确定现场取样的具体位置。该方法适用于路面取芯钻机或路面切割机在现场钻取或切割路面的代表性试样,对于水泥混凝土面层、沥青混合料面层或无机结合料稳定基层取样,应测试其密度或其他物理力学性能。钻孔采取芯样的直径宜不小于最大集料粒径的 3 倍。

2.3.2　仪具与材料

(1)路面取芯机:手推式或车载式,配有淋水冷却装置。钻头直径为 $\phi100$ mm 或 $\phi150$ mm。

(2)路面切割机:手推式或牵引式,由电力驱动,也可利用汽车动力由液压泵驱动,附金刚石锯片,有淋水冷却装置。

(3)台秤。

(4)盛样器(袋)或铁盘等。

(5)干冰(固体 CO_2)。

(6)试样标签。

(7)其他:镐、铁锹、量尺(绳)、毛刷、硬纸、棉纱等。

2.3.3　方法与步骤

1. 准备工作

(1)宜选择直径大于集料最大粒径 3 倍的钻头。

(2)确定路段。可以是一个作业段、一天完成的路段,或按相关规范的规定选取一定长度的检查路段。

(3)按本书 2.3.4 节规定的方法确定取样的位置。

(4)将取样位置清扫干净。

2. 取样步骤

(1)根据目的和需要确定切割路面的面积,在取样地点的路面上,对钻孔位置做出标记或划出切割路面的大致区域。

(2)用取芯机垂直对准路面钻孔位置,放下钻头,牢固安放,确保取芯机在运转过程中不得移动。

(3)开放冷却水,启动马达,徐徐压下钻杆,钻取芯样,但不得使劲下压钻头。待钻透全厚度后，上抬钻杆，拔出钻头，停止转动，使芯样不损坏，取出芯样。沥青混合料芯样及水泥混凝土芯样可用清水漂洗干净后备用。当因试验需要不能用水冷却时，应采用干钻孔，此时为保护钻头，可先用约 3 kg 的干冰放在取样位置上，冷却路面约 1 h，钻孔时通常以低温 CO_2 等冷却气体代替冷却水。

（4）用切割机切割时将锯片对准切割位置，开放冷却水，启动马达，徐徐压下锯片至要求深度（厚度），仔细向前推进，至需要长度后抬起锯片，四面全部据毕后，用镐或铁锹仔细取出试样。取得的路面试样应保持边角完整，颗粒不得散失。

（5）采取的路面混合料试样应整层取样，试样应完整。将钻取的芯样或切割的试样，妥善盛放于盛样器中，必要时用塑料袋封装。

（6）填写样品标签，一式两份，一份粘贴在试样上，另一份作为记录备查。

（7）用棉纱等材料吸走取样时留下的水分，待干燥后，用同类型材料对钻孔或被切割的路面坑洞进行填补压实。

2.3.4 选点方法

本方法适用于路基路面现场进行抽样试验时的个体（测点）选择，以评价样本的各类技术指标。

（1）均匀法：将道路沿纵向或横向进行等间距划分，并在划分点处做好标记，在划分点上布置测点。

（2）随机法：按照本书 2.3.5 节的规定选取测试区间、测试断面或测点。

（3）定向法：选取轮迹带或出现裂缝、错台、板角等具有某个特征或指定的位置作为测点。

（4）连续法：按相应标准的规定，沿道路纵向间距连续、均匀布置测区。

（5）综合法：同时按照上述两种以上选点方法的规定，确定测点位置。通常有沿道路纵向连续选择测区，测区内随机选择测点，或者沿道路纵向均匀确定测区，测区内定向选择测点等。

2.3.5 现场测试随机选点方法

1. 选取测试区间或断面（纵向位置）的步骤

（1）按照有关标准规范规定的测试区间（断面）数量要求，将确定的测试路段划分为若干个区间或断面，将其编号为第 1~n 个区间或第 1~n 个断面，其总的区间数或断面数为 T。公路路基路面测试一般采用等长度（间距）划分区间（断面）。当区间（断面）数量 $T>30$ 时，应分次选取，若采用计算机软件进行随机选取，则不受选取数量限制。

（2）随机抽取一张硬纸片，硬纸片上的编号即对应随机数表上的栏号。根据所抽取硬纸片对应的栏号，依次找出该栏号下 A 列 01~n 对应的 B 列中的值，也可通过计算机软件产生对应 A 值的 B 值，即得到 n 组 A、B 值。

（3）将 n 个 B 值与总区间数或断面数 T 相乘，四舍五入成整数，即得到 n 个断面的编号，即可根据该编号确定实际断面位置。

例如：按照有关规范规定，拟从 K36+000~K37+000 的 1 km 测试路段中选择 20 个断面测定路面宽度、高程、横坡等外形尺寸，可采取以下方法确定断面：

按照 20 m 等间距对拟测试路段内的断面进行编号。则 1 km 总长的断面数 $T=1000/20=$ 50 个，其编号为 1，2，…，50。

从布袋中摸出一块硬纸片，其编号为 14，即使用表 2-10 的第 14 栏。

从第 14 栏 A 列中挑出小于或等于 20 所对应的 B 列数值，将 B 与 T 相乘，四舍五入得到 20 个断面号，断面号乘以选择断面，并得到 20 个断面的桩号。

上述计算结果如表 2-10 所示。

表 2-10 路面宽度、高程、横坡检测断面随机抽样计算表

断面编号	14 栏 A 列	B 列	B×T	断面号	桩号	断面编号	14 栏 A 列	B 列	B×T	断面号	桩号
1	17	0.089	4.45	4	K36+080	11	20	0.531	26.55	27	K36+540
2	10	0.149	7.45	7	K36+140	12	05	0.787	39.35	39	K36+780
3	13	0.244	12.20	12	K36+240	13	15	0.801	40.05	40	K36+800
4	08	0.264	13.20	13	K36+260	14	12	0.836	41.80	42	K36+840
5	18	0.285	14.25	14	K36+280	15	04	0.854	42.70	43	K36+860
6	02	0.340	17.05	17	K36+340	16	11	0.884	44.20	44	K36+880
7	06	0.359	17.95	18	K36+360	17	19	0.886	44.30	44	K36+900
8	14	0.392	19.60	20	K36+400	18	07	0.929	46.45	46	K36+920
9	03	0.408	20.40	20	K36+420	19	09	0.932	46.60	47	K36+940
10	16	0.527	26.35	26	K36+520	20	01	0.970	48.50	49	K36+980

2.选取测点(纵向及横向位置)的步骤

（1）按照有关标准规范要求确定测点数量 n。当 $n>30$ 时应分次选取，若采用计算机软件进行随机选取，则不受选取数量限制。

（2）随机抽取一块硬纸片，纸片上的编号即对应随机数表中的栏号。根据所抽取硬纸片的栏号，依次找出该栏号下 A 列 1~n 值对应的 B、C 列中的值，也可通过计算机软件产生对应 A 值的 B 值和 C 值，即得 n 组 A、B、C 值。

（3）以 A 列中对应的 B 列中的数值，乘以测试路段的总长度，再加上测试路段起点的桩号，可得出取样纵向位置，即断面桩号。

（4）以 A 列中对应的 C 列中的数值，乘以检查路面的宽度，再减去宽度的一半，即得出取样位置离路面中心线的距离。若差值为正(+)，表示在中心线的右侧；若差值为负(-)，则表示在中心线的左侧。

例如：按照有关规范规定，检查验收时拟在 K36+000~K37+000 的 1 km 测试路段中选择 6 个测点进行钻孔取样检验压实度、沥青用量和矿料级配等，可按照如下方法确定钻孔位置：

①随机抽取一张硬纸片，其编号为 3。

②栏号 3 中从上至下小于或等于 6 个测点的数为 01、06、03、02、04、05。

③栏号 3 的 B 列中与这 6 个数相应的 6 个小数为 0.175、0.310、0.494、0.699、0.838、

0.977。

④取样路段长度1000 m，计算得出6个乘积(取样位置与该段起点的距离)分别为175 m、310 m、494 m、699 m、838 m、977 m。

⑤栏号3的C列中与这6个数相应的6个小数为0.641、0.063、0.929、0.073、0.166、0.494。

⑥路面宽度为10 m，计算得出6个乘积分别为6.41、0.63、9.29、0.73、1.66、4.94 m。再减去路面宽度的一半，6个取样的横向位置分别为右侧1.41 m、左侧4.37 m、右侧4.29 m、左侧4.27 m、左侧3.34 m、左侧0.06 m。

上述计算结果如表2-11所示。

表2-11 钻孔位置随机抽样选点计算表

栏号3			取样路段长1000 m			路面宽度10 m	测点数6个
测点编号	A列	B列	距起点距离/m	桩号	C列	距路边缘距离/m	距中线位置/m
No.1	01	0.175	175	K36+175	0.641	6.41	右1.41
No.2	06	0.310	310	K36+310	0.063	0.63	左4.37
No.3	03	0.494	494	K36+494	0.929	9.29	右4.29
No.4	02	0.699	699	K36+699	0.073	0.73	左4.27
No.5	04	0.838	838	K36+838	0.166	1.66	左3.34
No.6	05	0.977	977	K36+977	0.494	49.94	左0.06

2.3.6 抽样检验的评定方法

根据《公路工程质量检验评定标准 第一册 土建工程》(JTG F80/1—2017)，公路工程质量评定采用合格率的方法，也就是根据检查项目的合格率是否符合合格判定标准进行评定。

对于路基路面压实度、弯沉值、路面结构层厚度、半刚性基层材料强度、水泥混凝土抗折强度等检验项目，应采用数理统计的方法进行评定。具体请参看《公路工程质量检验评定标准 第一册 土建工程》(JTG F80/1—2017)附录B、C、D、E、F、G、H、I。

【思考与练习】

沥青混凝土路面竣工验收主要由哪些项目组成？

出试模，灌模时应注意勿使气泡混入。

④试件在室温中冷却不少于 1.5 h，然后用热刮刀刮除高出试模的沥青，使沥青面与试模面齐平。沥青的刮法应自试模的中间刮向两端，且表面应刮得平滑。将试模连同底板再放入规定试验温度的水槽中保温 1.5 h。

⑤检查延度仪延伸速度是否符合规定要求，然后移动滑板使其指针正对标尺的零点。将延度仪注水，并保温达到试验温度±0.1℃。

（2）延度测定。

①将保温后的试件连同底板移入延度仪的水槽中，然后将盛有试样的试模自玻璃板上取下，将试模两端的孔分别套在滑板及槽端固定板的金属柱上，并取下侧模。水面距试件表面应不小于 25 mm。

②启动延度仪，并注意观察试样的延伸情况。此时应注意，在试验过程中，水温应始终保持在试验温度规定范围内，当水槽采用循环水时，应暂时中断循环，停止水流。

③试件拉断时，读取指针所指标尺上的读数，以 cm 表示，在正常情况下，试件延伸时应呈锥尖状，拉断时实际断面接近于零。如不能得到这种结果，则应在报告中注明。

4. 结果整理

（1）同一试样，每次平行试验不少于 3 个，如 3 个测定结果均大于 100 cm，试验结果记作"＞100 cm"；特殊需要也可分别记录实测值。如 3 个测定结果中，有一个以上的测定值小于 100 cm 时，若最大值或最小值与平均值之差满足重复性试验精密度要求，则取 3 个测定结果的平均值的整数作为延度试验结果，若平均值大于 100 cm，记作"＞100 cm"；若最大值或最小值与平均值之差不符合重复性试验精密度要求时，应重新进行试验。

（2）精密度或允许误差：当试验结果小于 100 cm 时，重复性试验的允许误差为平均值的 20%；再现性试验的允许误差为平均值的 30%。

5. 注意事项

（1）涂隔离剂时一定不能涂于端模内侧。

（2）试验过程中，仪器不得有振动，水面不得有晃动。

（3）在试验中，如发现沥青细丝浮于水面或沉入槽底时，则应在水中加入酒精或食盐，调整水的密度至与试样相近后，重新进行试验。

3.1.3 沥青软化点试验（环球法）

1. 试验目的

（1）沥青软化点是试样在规定尺寸的金属环内，上置规定直径和质量的钢球，放于水（或甘油）中，以 5℃/min±0.5℃/min 的速度加热，至钢球下沉到达规定距离时的温度，以℃表示。

（2）沥青软化点是反映沥青温度稳定性的指标，测定该指标以便控制施工质量。

（3）本方法适用于测定道路石油沥青、聚合物改性沥青的软化点，也适用于测定液体石油沥青、煤沥青蒸馏残留物或乳化沥青蒸发残留物的软化点。

2. 仪器设备

软化点试验仪（钢球、试样环、钢球定位环、金属支架、耐热玻璃烧杯、温度计）、环夹、加热炉具、玻璃板、恒温水槽、平直刮刀、隔离剂（甘油与滑石粉质量比为 2∶1）、洁净水、石棉网。

3. 试验步骤

(1)准备工作。

①按规定的方法将试样脱水、过筛(0.6 mm)。

②将隔离剂拌和均匀,涂于清洁干燥的玻璃板上。

③将准备好的沥青试样徐徐注入试样环内至略高出环面为止,在室温冷却 30 min 后,用环夹夹着试样环,并用热刮刀刮除环面上的试样,务必使与环面齐平。

(2)软化点测定。

①试样软化点在 80℃ 以下者:

a.试验前将装有试样的试样环连同试样底板置于装有 5℃±0.5℃ 水的恒温水槽中至少 15 min;同时将金属支架、钢球、钢球定位环等也置于相同水槽中。

b.烧杯内注入新煮沸并冷却至 5℃ 的洁净水,水面略低于立杆上的深度标记。

c.从恒温水槽中取出盛有试样的试样环放置在支架中层板的圆孔中,套上定位环;然后将整个环架放入烧杯中,调整水面至深度标记,并保持水温为 5℃±0.5℃。环架上任何部分不得附有气泡。将 0~100℃ 的温度计由上层板中心孔垂直插入,使端部测温头底部与试样环下面齐平。

d.将盛有水和环架的烧杯移至放有石棉网的加热炉具上,然后将钢球放在定位环中间的试样中央,立即开动电磁振荡搅拌器,使水微微振荡,并开始加热,使杯中水温在 3 min 内调节至维持每分钟上升 5℃±0.5℃。在加热过程中,应记录每分钟上升的温度值。

e.试样受热软化逐渐下坠,至与下层底板表面接触时,立即读取温度,精确至 0.5℃。

②试样软化点在 80℃ 以上者:

a.将装有试样的试样环连同试样底板置于装有 32℃±1℃ 甘油的恒温槽中至少 15 min;同时将金属支架、钢球、钢球定位环等也置于甘油中。

b.在烧杯内注入预先加热至 32℃ 的甘油,其液面略低于立杆上的深度标记。

c.从恒温槽中取出装有试样的试样环,按上述方法进行测定(液体为甘油),精确至 1℃。

4. 结果整理

(1)同一试样平行试验两次,当两次测定值的差值符合重复性试验允许误差要求时,取其平均值作为软化点试验结果,精确至 0.5℃。

(2)允许误差。

①当试样软化点小于 80℃ 时,重复性试验的允许误差为 1℃,再现性试验的允许误差为 4℃。

②当试样软化点大于或等于 80℃ 时,重复性试验的允许误差为 2℃,再现性试验的允许误差为 8℃。

5. 注意事项

(1)试验前养护时,钢球、钢球定位环、金属支架等应与试样养护同环境、同时。

(2)在加热过程中,应记录每分钟上升的温度值,如温度上升速度超出 5℃±0.5℃ 时,则应重做试验。

3.1.4 沥青标准黏度试验

1. 试验目的

（1）沥青的标准黏度是试样在规定温度下，自沥青标准黏度计规定直径的流孔流出 50 mL 所需的时间，单位以 s 表示。

（2）液体沥青的技术等级是按标准黏度来划分的。

（3）本方法适用于测定液体石油沥青、煤沥青、乳化沥青等材料流动状态时的黏度。

2. 仪器设备

道路沥青标准黏度计、水槽、盛样管、球塞、水槽盖、温度计（分度为 0.1℃）、秒表、接受瓶（或 100 mL 量筒）、流孔检查棒、肥皂水（或矿物油）、加热炉等。

3. 试验步骤

（1）准备工作。

①按规定的方法准备好沥青试样。

②根据沥青材料的种类和稠度，选择需要流孔孔径的盛样管，置水槽圆井中，用规定的球塞堵好流孔。

③根据试验温度需要，调整恒温水槽的水温为试验温度±0.1℃。

（2）标准黏度测定。

①将试样加热至比试验温度高 2~3℃（如试验温度低于室温时，试样须冷却至比试验温度低 2~3℃）时注入盛样管，其数量以液面到达球塞杆垂直时杆上的标记为准。

②试样在水槽中保持试验温度至少 30 min，用温度计轻轻搅拌试样，测量试样的温度为试验温度±0.1℃时，调整试样液面至球塞杆的标记处，再继续保温 1~3 min。

③将量筒内装入 25 mL 肥皂水，以利洗涤及准确读数，并使量筒中心正对流孔。

④提起球塞，将标记悬挂在试样管边上，待试样流入量筒达 25 mL（量筒刻度 50 mL）时，按动秒表，待试样流出 75 mL（量筒刻度 100 mL）时，按停秒表，读取试样流出 50 mL 所经过的时间，精确至秒，即为试样的黏度。

4. 结果整理

（1）同一试样至少平行试验两次，当两次测定的差值不大于平均值的 4% 时，取其平均值的整数作为试验结果。

（2）允许误差：重复性试验的允许误差为平均值的 4%。

5. 注意事项

（1）试验前必须将量筒内壁用肥皂水润湿，再将量筒内装入 25 mL 肥皂水以利清洗及准确读数。

（2）盛样管内注入试样时，液面不能超过球塞杆垂直时杆上的标记。

3.1.5 沥青闪点与燃点试验（克利夫兰开口杯法）

1. 试验目的

测定黏稠石油沥青、聚合物改性沥青及闪点在 79℃ 以上的液体石油沥青的闪点和燃点，以评定施工的安全性。

2. 仪器设备

克利夫兰开口杯式闪点仪(加热板、温度计、点火器、铁支架)、防风屏、电炉。

3. 试验步骤

(1) 准备工作。

①将试样杯用溶剂洗净、烘干,装置于支架上。加热板放在可调温电炉上,接好电源。

②安装温度计,垂直插入试样杯中,温度计的水银球距杯底约 6.5 mm,位置在与点火器相对一侧距杯边缘约 16 mm 处。

③按规定的方法准备好沥青试样后,将试样注入杯中至标线处,并使试样杯外部不沾有沥青。

④全部装置应置于室内光线较暗且无显著空气流通的地方,并用防风屏三面围护。

⑤将点火器转向一侧,试验点火,调节火苗成标准球的形状或成直径为 4 mm±0.8 mm 的小球形试焰。

(2) 闪电和燃点测定。

①开始加热试样,升温速度迅速地达到 14~17℃/min。待试样温度达到预期闪点前 56℃时,调节加热器降低升温速度,以便在预期闪点前(23±5)℃时能使升温速度控制在 5.5℃/min±0.5℃/min。

②试样温度达到预期闪点前 28℃时开始,每隔 2℃将点火器的试焰沿试验杯口中心以 150 mm 半径作弧水平扫过一次;从试验杯口的一边至另一边所经过的时间约 1 s。此时应确认点火器的试焰为直径 4 mm±0.8 mm 的火球,并位于坩埚口上方 2~2.5 mm 处。

③当试样液面上最初出现一瞬间即灭的蓝色火焰时,立即从温度计上读记温度,作为试样的闪点。

④继续加热,保持试样升温速度 5.5℃/min±0.5℃/min,并按上述操作要求用点火器点火试验。

⑤当试样接触火焰立即着火,并能继续燃烧不少于 5 s 时,停止加热,并读记温度计上的温度,作为试样的燃点。

4. 注意事项

(1) 同一试样至少平行试验两次,两次测定结果的差值不超过重复性试验允许误差 8℃时,取其平均值的整数作为试验结果。

(2) 试样加热温度不能低于闪点以下 55℃。

(3) 当试验时大气压在 95.3 kPa(715 mmHg) 以下时,应对闪点或燃点的试验结果进行修正,若大气压为 95.3~84.5 kPa(715~634 mmHg) 时,修正值为增加 2.8℃,当大气压为 84.5~73.3 kPa(634~550 mmHg) 时,修正值为增加 5.5℃。

【典型例题】

【例 3-1】 简述石油沥青的主要组成及其与石油沥青主要性质的关系?

答:(1) 组成:油分、树脂、地沥青质。

(2) 沥青中油分决定流动性。油分含量高,流动性大,温度敏感性大,黏性小。

(3) 树脂决定塑性。树脂含量高,其塑性大,温度敏感性大,黏性小,开裂后的自愈能力强。

(4) 地沥青质决定黏性。地沥青质含量高,黏性大,温度敏感性小,塑性降低,脆性增大。

3.2 沥青混合料性能试验

3.2.1 沥青混合料试件制作(击实法)

1. 试验目的

(1)本方法适用于标准击实法或大型击实法制作沥青混合料试件,以供试验室进行沥青混合料物理力学性质试验使用。

(2)标准击实法适用于标准马歇尔试验,间接抗拉试验(劈裂法)等所使用 ϕ101.6 mm×63.5 mm 圆柱体试件的成型。大型击实法适用于大型马歇尔试验和 ϕ152.4 mm×95.3 mm 的大型圆柱体试件的成型。

(3)沥青混合料试件制作时,矿料规格及试件数量应符合要求。试验室成型的一组试件的数量不得少于 4 个,必要时宜增加至 5~6 个。

2. 仪器设备

标准击实仪、标准击实台、拌和机(容量不小于 10 L)、脱模器、试模、烘箱、天平或电子天平、插刀或大螺丝刀、温度计(0~300℃)、滤纸、棉纱等。

3. 试验步骤

(1)准备工作。

①确定制作沥青混合料试件的拌和温度与压实温度,可参照表 3-2 执行。

表 3-2 沥青混合料拌和及压实温度参考表　　　　　　　　　　单位:℃

沥青结合料种类	拌和温度	压实温度
石油沥青	140~160	120~150
改性沥青	160~175	140~170

②按规定在拌和厂或施工现场采集沥青混合料试样。将试样置于烘箱中或加热的砂浴上保温。

③在试验室人工配制沥青混合料时,试件的制作按下列步骤进行:

a. 将各种规格的矿料置于 105℃±5℃的烘箱中烘干至恒重(一般不少于 4~6 h)。

b. 按规定的试验方法分别测定不同粒径规格粗、细集料及填料(矿粉)的各种密度,以及沥青的密度。

c. 将烘干分级的粗、细集料,按每个试件设计级配要求称其质量,在一金属盘中混合均匀,矿粉单独加热,置烘箱中预热至沥青拌和温度以上约 15℃(采用石油沥青时通常为 163℃;采用改性沥青时通常需 180℃)备用。一般按一组试件(每组 4~6 个)备料,但进行配合比设计时宜对每个试件分别备料。

d. 将采集的沥青试样,用烘箱加热至规定的沥青混合料拌和温度,但不得超过 175℃。

④用沾有少许黄油的棉纱擦净试模、套筒及击实座等置 100℃左右烘箱中加热 1 h 备用。常温沥青混合料用试模不加热。

（2）拌制沥青混合料。

①将沥青混合料拌和机预热至拌和温度以上10℃左右备用。

②将每个试件预热的粗、细集料置于拌和机中，用小铲子适当混合，然后再加入需要数量的已加热至拌和温度的沥青（如沥青已称量在一专用容器内时，可在倒掉沥青后用一部分热矿粉将沾在容器壁上的沥青擦拭一起倒入拌和锅中），开动拌和机一边搅拌一边将拌和叶片插入混合料中拌和1~1.5 min，然后暂停拌和，加入单独加热的矿粉，继续拌和至均匀为止，并使沥青混合料保持在要求的拌和温度范围内。标准的总拌和时间为3 min。

（3）成型方法。

①将拌好的沥青混合料，均匀称取一个试件所需的用量（标准马歇尔试件约1200 g，大型马歇尔试件约4050 g）。当已知沥青混合料的密度时，可根据试件的标准尺寸计算并乘以1.03得到要求的混合料数量。当一次拌和几个试件时，宜将其倒入经预热的金属盘中，用小铲适当拌和均匀分成几份，分别取用。在试件制作过程中，为防止混合料温度下降，应连盘放在烘箱中保温。

②从烘箱中取出预热的试模及套筒，用沾有少许黄油的棉纱擦拭套筒、底座及击实锤底面，将试模装在底座上，放一张圆形的吸油性小的纸，用小铲将混合料铲入试模中，用插刀或大螺丝刀沿周边插捣15次，中间捣10次。插捣后将沥青混合料表面整平。

③插入温度计至混合料中心附近，检查混合料温度。

④待混合料温度符合要求的压实温度后，将试模连同底座一起放在击实台上固定，在装好的混合料上面垫一张吸油性小的圆纸，再将装有击实锤及导向棒的压实头放入试模中，开启电机，使击实锤从457 mm的高度自由落下到击实规定的次数（75次或50次）。对于大型试件，击实次数为75次（相当于标准击实50次）或112次（相当于标准击实75次）。

⑤试件击实一面后，取下套筒，将试模翻面，装上套筒，然后以同样的方法和次数击实另一面。

⑥试件击实结束后，立即用镊子取掉上下面的纸，用卡尺量取试件离试模上口的高度并由此计算试件高度，如高度不符合要求，试件应作废，并按下式调整试件的混合料质量，以保证高度符合63.5 mm±1.3 mm（标准试件）或95.3 mm±2.5 mm（大型试件）的要求。

$$调整后混合料质量=\frac{要求试件高度×原用混合料质量}{所得试件的高度} \qquad (3-1)$$

⑦卸去套筒和底座，将装有试件的试模横向放置冷却至室温后（不少于12 h），置于脱模机上脱出试件。

⑧将试件仔细置于干燥洁净的平面上，供试验用。

4. 注意事项

（1）沥青称量方法采用减量法。

（2）对于试验室试验研究、配合比设计及采用机械拌和施工的工程，严禁采用人工炒拌法热拌沥青混合料。

（3）对于大型击实法的试件，装模时混合料分两次加入，每次插捣次数同上。

（4）用于做现场马歇尔指标检验的试件，在施工质量检验过程中如急需试验，允许采用电风扇吹冷1 h或浸水冷却3 min以上的方法脱模，但浸水脱模法不能用于测量密度、空隙率等各项物理指标。

3.2.2 沥青混合料试件密度试验(表干法)

1. 试验目的

(1)测定吸水率不大于2%的各种沥青混合料试件,包括密级配沥青混凝土、沥青玛蹄脂碎石混合料(SMA)和沥青稳定碎石等沥青混合料试件的毛体积相对密度和毛体积密度。

(2)本方法测定的毛体积相对密度和毛体积密度适用于计算沥青混合料试件的空隙率、矿料间隙率等各项体积指标。

2. 仪器设备

浸水天平或电子天平、网篮、溢流水箱、试件悬吊装置、秒表、毛巾、电风扇或烘箱。

3. 试验步骤

(1)选择适宜的浸水天平或电子天平,最大称量应不小于试件质量的1.25倍,且不大于试件质量的5倍。

(2)除去试件表面的浮粒,称取干燥试件的空中质量(m_a),根据选择的天平的感量读数,精确至0.1 g或0.5 g。

(3)挂上网篮,浸入溢流水箱中,调节水位,将天平调平并复零,把试件置于网篮中(注意不要晃动水)浸水3~5 min,称取水中质量(m_w)。

(4)从水中取出试件,用洁净柔软的拧干的湿毛巾轻轻擦去试件表面的水(不得吸走空隙内的水),称取试件的表干质量(m_f)。

4. 结果整理

(1)计算试件的吸水率,取1位小数。

试件的吸水率即试件吸水体积占沥青混合料毛体积的百分率,按式(3-2)计算。

$$S_a = \frac{m_f - m_a}{m_f - m_w} \times 100 \tag{3-2}$$

式中:S_a——试件的吸水率(%);

m_a——干燥试件的空中质量(g);

m_w——试件的水中质量(g);

m_f——试件的表干质量(g)。

(2)计算试件的毛体积相对密度和毛体积密度,取3位小数。

当试件的吸水率符合$S_a < 2\%$要求时,试件的毛体积相对密度和毛体积密度按式(3-3)及式(3-4)计算,当吸水率$S_a > 2\%$要求时,应改用蜡封法测定。

$$\gamma_f = \frac{m_a}{m_f - m_w} \tag{3-3}$$

$$\rho_f = \frac{m_a}{m_f - m_w} \times \rho_w \tag{3-4}$$

式中:γ_f——用表干法测定的试件毛体积相对密度,无量纲;

ρ_f——用表干法测定的试件毛体积密度(g/cm^3);

ρ_w——常温水的密度(≈ 1 g/cm^3)。

(3)试件的空隙率按式(3-5)计算,取 1 位小数。

$$VV = \left(1 - \frac{\gamma_f}{\gamma_t}\right) \times 100 \tag{3-5}$$

式中:VV——试件的空隙率(%);

γ_f——试件的毛体积相对密度,无量纲;

γ_t——沥青混合料理论最大相对密度,无量纲。

(4)计算试件的理论最大相对密度或理论最大密度,取 3 位小数。

当已知试件的油石比时,试件的理论最大相对密度可按式(3-6)计算。当已知试件的沥青含量时,试件的理论最大相对密度按式(3-7)计算。

$$\gamma_{ti} = \frac{100 + P_{ai}}{\dfrac{100}{\gamma_{se}} + \dfrac{P_{ai}}{\gamma_b}} \tag{3-6}$$

$$\gamma_{ti} = \frac{100}{\dfrac{P_{si}}{\gamma_{se}} + \dfrac{P_{bi}}{\gamma_b}} \tag{3-7}$$

式中:γ_{ti}——相对于计算沥青用量 P_{bi} 时沥青混合料的最大理论相对密度,无量纲;

P_{ai}——所计算沥青混合料的油石比(%);

P_{bi}——所计算沥青混合料的沥青用量(%);

P_{si}——所计算沥青混合料的矿料含量(%);

γ_{se}——矿料有效相对密度,无量纲;

γ_b——沥青的相对密度(25℃/25℃),无量纲。

(5)试件中沥青的体积百分率可按式(3-8)计算,取 1 位小数。

$$V_{be} = \frac{P_{be} \times \gamma_f}{\gamma_b} \times 100 \tag{3-8}$$

式中:V_{be}——沥青混合料试件的沥青体积百分率(%);

P_{be}——沥青混合料的沥青用量(%)。

(6)试件中的矿料间隙率,可按式(3-9)计算。

$$VMA = \left(1 - \frac{\gamma_f}{\gamma_{sb}} \times \frac{P_s}{100}\right) \times 100 \tag{3-9}$$

式中:VMA——沥青混合料试件的矿料间隙率(%);

P_s——各种矿料占沥青混合料总质量的百分率之和,即 $P_s = 100 - P_b$(%);

γ_{sb}——矿料合成毛体积相对密度,按式(3-10)计算。

$$\gamma_{sb} = \frac{100}{\dfrac{P_1}{\gamma_1} + \dfrac{P_2}{\gamma_2} + \cdots + \dfrac{P_n}{\gamma_n}} \tag{3-10}$$

(7)试件的沥青饱和度按式(3-11)计算,取 1 位小数。

$$VFA = \frac{VMA - VV}{VMA} \times 100 \tag{3-11}$$

式中:VFA——试件的有效沥青饱和度(%)。

5. 注意事项

(1)若天平读数持续变化，不能很快达到稳定，说明试件吸水较严重，不适用于此法测定，应改用蜡封法测定。

(2)对于从路上钻取的非干燥试件，可先称取水中质量和表干质量，然后用电风扇将试件吹干至恒重(一般不少于 12 h，当不需进行其他试验时，也可用 60℃±5℃ 烘箱烘干至恒重)，再称取空中质量。

(3)对旧路面钻取芯样的试件缺乏材料密度、配合比及油石比的沥青混合料，可以采用真空法实测沥青混合料的理论最大相对密度。

(4)应在试验报告中注明沥青混合料的类型及测定密度采用的方法。

3.2.3 沥青混合料马歇尔稳定度及浸水马歇尔试验

1. 试验目的

(1)本方法适用于马歇尔稳定度试验和浸水马歇尔稳定度试验，以进行沥青混合料的配合比设计或沥青路面施工质量检验。浸水马歇尔稳定度试验供检验沥青混合料受水损害时抵抗剥落的能力时使用，通过测试其水稳定性检验配合比设计的可行性。

(2)本方法适用于按规范规定成型的标准马歇尔试件圆柱体和大型马歇尔试件圆柱体。

2. 仪器设备

沥青混合料马歇尔试验仪、恒温水槽、烘箱、天平、温度计、游标卡尺等。

3. 试验步骤

(1)准备工作。

①按标准击实法成型马歇尔试件，其尺寸应符合直径 101.6 mm±0.2 mm、高 63.5 mm±1.3 mm 的要求。一组试件的数量最少不得少于 4 个，并符合规范规定。

②量测试件的直径及高度：用游标卡尺测量试件中部的直径，用马歇尔试件高度测定器或用游标卡尺在十字对称的 4 个方向量测离试件边缘 10 mm 处的高度，精确至 0.1 mm，并以其平均值作为试件的高度。

③按规范规定的方法测定试件的密度、计算试件空隙率、沥青体积百分率、沥青饱和度、矿料间隙率等物理指标。

④将恒温水槽调节至要求的试验温度，对于黏稠石油沥青或烘箱养生过的乳化沥青混合料，试验温度调为 60℃±1℃。

(2)标准马歇尔试验方法。

①将试件置于已达规定温度的恒温水槽中保温，保温时间对标准马歇尔试件需 30～40 min。试件之间应有间隔，底下应垫起，离容器底部不小于 5 cm。

②将马歇尔试验仪的上下压头放入水槽或烘箱中达到同样温度。将上下压头从水槽或烘箱中取出擦拭干净内面。为使上下压头滑动自如，可在下压头的导棒上涂少量黄油。再将试件取出置于下压头上，盖上上压头，然后装在加载设备上。

③当采用自动马歇尔试验仪时，将自动马歇尔试验仪的压力传感器、位移传感器与计算机或 X-Y 记录仪正确连接，调整好计算机或将 X-Y 记录仪的记录笔对准原点。

④启动加载设备，使试件承受荷载，加载速度为 50 mm/min±5 mm/min。计算机或 X-Y 记录仪自动记录传感器压力和试件变形曲线并将数据自动存入计算机。

⑤记录或打印试件的稳定度和流值。

(3)浸水马歇尔试验方法。

浸水马歇尔试验方法与标准马歇尔试验方法的不同之处在于，试件在已达规定温度恒温水槽中的保温时间为48 h，其余步骤均与标准马歇尔试验方法相同。

4. 结果整理

(1)从记录仪上读取试件的稳定度和流值。稳定度(MS)，以kN计，精确至0.01 kN。流值(FL)，以mm计，精确至0.1 mm。

(2)试件的马歇尔模数按式(3-12)计算。

$$T = \frac{MS}{FL} \tag{3-12}$$

式中：T——试件的马歇尔模数(kN/mm)；

MS——试件的稳定度(kN)；

FL——试件的流值(mm)。

(3)试件浸水马歇尔试验残留稳定度按式(3-13)计算。

$$MS_0 = \frac{MS_1}{MS} \times 100 \tag{3-13}$$

式中：MS_0——试件的浸水残留稳定度(%)；

MS_1——试件浸水48 h后的稳定度(kN)。

5. 注意事项

(1)如标准马歇尔试件高度不符合63.5 mm±1.3 mm的要求或两侧高度差大于2 mm时，此试件应作废。

(2)从恒温水槽中取出试件至测出最大荷载值的时间，不得超过30 s。

(3)当一组测定值中某个测定值与平均值之差大于标准差的k倍时，该测定值应舍弃，并以其余测定值的平均值作为试验结果。当试件数目n为3、4、5、6个时，k值分别为1.15、1.46、1.67、1.82。

(4)采用自动马歇尔试验时，试验结果应附上荷载-变形曲线原件或自动打印结果，并报告马歇尔稳定度、流值、马歇尔模数，以及试件尺寸、试件的密度、空隙率、沥青用量、沥青体积百分率、沥青饱和度、矿料间隙率等各项物理指标。

3.2.4 沥青与粗集料的黏附性试验

1. 试验目的

本方法适用于检验沥青与粗集料表面的黏附性及评定粗集料的抗水剥离能力。对于最大粒径大于13.2 mm的集料应用水煮法进行试验，对于最大粒径小于或等于13.2 mm的集料应用水浸法进行试验。对于同一种料源最大粒径既有大于又有小于13.2 mm的集料，应以水煮法试验为标准，对于细粒式沥青混合料应以水浸法试验为标准。

2. 仪器设备

(1)天平：称量500 g，感量不大于0.01 g。

(2)恒温水槽：能保持温度80℃±1℃。

(3)拌和用小型容器：500 mL。

（4）烧杯：1000 mL。

（5）试验架。

（6）细线：尼龙线或棉线、铜丝线。

（7）铁丝网。

（8）标准筛：9.5 mm、13.2 mm、19 mm 各 1 个。

（9）烘箱：装有自动温度调节器。

（10）电炉、燃气炉。

（11）玻璃板：200 mm×200 mm 左右。

（12）搪瓷盘：300 mm×400 mm 左右。

（13）其他：拌和铲、石棉网、纱布、手套等。

3. 水煮法试验

（1）准备工作。

①将集料过 13.2 mm、19 mm 的筛，取粒径 13.2~19 mm 形状接近立方体的规则集料 5 个，用洁净水洗净，置温度为 105℃±5℃的烘箱中烘干，然后放在干燥器中备用。

②用大烧杯盛水，并置于加热炉的石棉网上煮沸。

（2）试验步骤。

①将集料逐个用细线在中部系牢，再置于 105℃±5℃烘箱内 1 h。按规范规定的方法准备沥青试样。

②逐个取出加热的矿料颗粒用线提起，浸入预先加热的沥青（石油沥青 130~150℃）中 45 s 后，轻轻拿出，使集料颗粒完全被沥青膜所裹覆。

③将裹覆沥青的集料颗粒悬挂于试验架上，下面垫一张纸，使多余的沥青流掉，并在室温下冷却 15 min。

④待集料颗粒冷却后，逐个用线提起，浸入盛有煮沸水的大烧杯中央，调整加热炉，使烧杯中的水保持微沸状态，但不允许有沸开的泡沫。

⑤浸煮 3 min 后，将集料从水中取出，适当冷却。然后放入一个盛有常温水的纸杯等容器中，在水中观察矿料颗粒上沥青膜的剥落程度，并按表 3-3 评定其黏附性等级。

表 3-3　沥青与集料的黏附性等级表

试验后集料表面上沥青膜剥落情况	黏附性等级
沥青膜完全保存，剥离面积百分率接近于 0	5
沥青膜少部为水所移动，厚度不均匀，剥离面积百分率少于 10%	4
沥青膜局部明显地为水所移动，基本保留在集料表面上，剥离面积百分率少于 30%	3
沥青膜大部为水所移动，局部保留在集料表面上，剥离面积百分率大于 30%	2
沥青膜完全为水所移动，集料基本裸露，沥青全浮于水面上	1

⑥同一试样应平行试验 5 个集料颗粒，并由两名以上经验丰富的试验人员分别评定后，取平均等级作为试验结果。

4.水浸法试验

（1）准备工作。

①将集料过 9.5 mm、13.2 mm 的筛，取粒径 9.5～13.2 mm 形状规则的集料 200 g 用洁净水洗净，并置于温度为 105℃±5℃ 的烘箱中烘干，然后放在干燥器中备用。

②按规程准备沥青试样，加热至要求的拌和温度。

③将煮沸过的热水注入恒温水槽中，并维持温度 80℃±1℃。

（2）试验步骤。

①按四分法称取集料颗粒（粒径 9.5～13.2 mm）100 g 置于搪瓷盘中，连同搪瓷盘一起放入已升温至沥青拌和温度以上 5℃ 的烘箱中持续加热 1 h。

②按每 100 g 集料加入沥青 5.5 g±0.2 g 的比例称取沥青，精确至 0.1 g，放入小型拌和容器中，一起放入同一烘箱中加热 15 min。

③将搪瓷盘中的集料倒入拌和容器的沥青中后，从烘箱中取出拌和容器，立即用金属铲均匀拌和 1～1.5 min，使集料完全被沥青薄膜裹覆。然后，立即将裹有沥青的集料取 20 个，用小铲移至玻璃板上摊开，并置室温下冷却 1 h。

④将放有集料的玻璃板浸入温度为 80℃±1℃ 的恒温水槽中，保持 30 min，并用纸片将剥离及浮于水面的沥青捞出。

⑤由水中小心取出玻璃板，浸入水槽内的冷水中，仔细观察裹覆集料的沥青薄膜的剥落情况。由两名以上经验丰富的试验人员分别目测，评定剥离面积的百分率，评定后取平均值。为使估计的剥离面积百分率较为正确，宜先制取若干个不同剥离率的样本，用比照法目测评定，不同剥离率的样本，可用加不同比例抗剥离剂的改性沥青与酸性集料拌和后浸水得到，也可由同一种沥青与不同集料品种拌和后浸水得到，逐个仔细计算得出样本的剥离面积百分率。

⑥由剥离面积百分率按表 3-3 评定沥青与集料黏附性的等级。

5.报告

试验结果应报告采用的方法及集料粒径。

3.2.5 沥青混合料中沥青含量试验（燃烧炉法）

1.试验目的

（1）本方法适用于燃烧炉法测定沥青混合料中的沥青含量，也适用于对燃烧后的沥青混合料进行筛分分析。

（2）本方法适用于热拌沥青混合料以及从路面取样的沥青混合料在生产、施工过程中的质量控制。

2.仪器设备

（1）燃烧炉：由燃烧室、称量装置，自动数据采集系统、控制装置、空气循环装置、试样篮及其附件组成。

（2）试样篮：可以使试样均匀地摊薄放置在篮中，这样能够使空气在试样内部及周围流通，如果有 2 个及以上的试样篮可以套放在一起。试样篮由网孔板做成，通常情况下网孔的尺寸最大为 2.36 mm，最小为 0.6 mm。

（3）托盘：放置于试样篮下方，以接受从试样篮中滴落的沥青和集料。

（4）烘箱：温度应控制在设定值±5℃。

（5）天平：满足称量试样篮以及试样的质量，感量不大于 0.1 g。

（6）防护装置：防护眼镜、隔热面罩、隔热手套、可以耐高温 650℃ 的隔热罩，试验结束后试样篮应该放在隔热罩内冷却。

（7）其他：大平底盘（比试样篮稍大）、刮刀、盆、钢丝刷等。

3. 试验准备

（1）按沥青混合料取样方法，在拌和厂从运料卡车采取沥青混合料试样，宜趁热放在金属盘（或搪瓷盘）中适当拌和，待温度下降至100℃以下时，称取混合料试样，精确至 0.1 g。

（2）当用钻孔法或切割法从路面上取得的试样时，应用电风扇吹风使其完全干燥，但不得用锤击以防集料破碎，然后置于烘箱125℃±5℃加热成松散状态，并至恒重，然后适当拌和后称取试样质量，精确至 0.1 g。最小试样质量根据沥青混合料的集料公称最大粒径按表3-4选用。

表 3-4 最小试样质量要求

公称最大粒径/mm	试样最小质量/g	公称最大粒径/mm	试样最小质量/g
4.75	1200	19.00	2000
9.50	1200	26.50	3000
13.20	1500	31.50	3500
16.00	1800	37.50	4000

4. 试验步骤

（1）标定。

①必须对每一种沥青混合料进行标定，以确定沥青用量的修正系数和筛分级配的修正系数。按照沥青混合料配合比设计的方法按配合比配出 5 份集料混合料（含矿粉）。将其中 2 份进行水洗筛分。取筛分结果平均值为燃烧前的各挡筛孔通过百分率 P_{Bi}。另外 3 份按照配合比设计的相同条件拌制沥青混合料，在拌制 2 份标定试样前，先将 1 份沥青混合料进行洗锅。

②预热燃烧炉，将燃烧温度设定为 538℃±5℃，设定修正系数为 0。称量试样篮和托盘质量 m_{B3}，精确至 0.1 g。称取 2 份集料混合料质量 m_{B1}，精确至 0.1 g。将目标沥青用量 P_b 作为沥青用量，称量沥青质量 m_{B2}，将加热的集料混合料和沥青放入拌和机拌和。拌和好的沥青混合料直接放进试样篮中。

③试样篮放入托盘中，将加热的试样均匀地在试样篮中摊平，尽量避免试样太靠近试样篮边缘。称量试样、试样篮和托盘总质量 m_{B4}，精确至 0.1 g。计算初始试样总质量 m_{B5}（即 $m_{B4}-m_{B3}$），并将 m_{B5} 输入燃烧炉控制程序中。

④锁定燃烧室的门，启动开始按钮进行燃烧。燃烧至连续 3 min 试样质量每分钟损失率小于 0.01% 时，燃烧炉会自动发出警示声音或者亮起警报指示灯，并停止燃烧。燃烧炉控制程序自动计算试样燃烧损失质量 m_{B6}，精确至 0.1 g。按下停止按钮，燃烧室的门会解锁，并打印试验结果，从燃烧室中取出试样盘。燃烧结束后，罩上保护罩适当冷却。

⑤分别计算两份试样的质量损失系数 C_{fi}。$C_{fi} = \left(\dfrac{m_{B6}}{m_{B5}} - \dfrac{m_{B2}}{m_{B1}+m_{B2}} \right) \times 100$；当 2 个试样的质量

损失系数差值不大于 0.15%，则取平均值作为沥青用量的修正系数 C_f；当 2 个试样的质量损失系数差值大于 0.15%，则重新准备 2 个试样按以上步骤进行燃烧试验，得到 4 个质量损失系数，除去 1 个最大值和 1 个最小值，将剩下的 2 个修正系数取平均值作为沥青用量的修正系数 C_f。

⑥当沥青用量的修正系数 C_f 大于 0.5%，则设定 482℃±5℃燃烧温度按照上述步骤重新标定，得到 482℃的沥青用量的修正系数 C_f。如果 482℃与 538℃得到的沥青用量的修正系数差值在 0.1%以内，则仍以 538℃的沥青用量作为最终的修正系数 C_f。如果修正系数差值大于 0.1%，则以 482℃的沥青用量作为最终修正系数 C_f。

⑦级配筛分。用最终沥青用量修正系数 C_f 所对应的 2 份试样的残留物进行筛分，取筛分平均值作为燃烧后沥青混合料各筛孔的通过率 P'_{Bi}。燃烧前后各筛孔通过率差值均符合表 3-5 的范围时，则取各筛孔的通过百分率修正系数 $C_{Pi}=0$，否则应按式 $C_{Pi}=P'_{Bi}-P_{Bi}$ 进行燃烧后混合料级配修正。

表 3-5　燃烧前后混合料级配允许差值

筛孔/mm	≥2.36	0.15~1.18	0.075
允许差值/%	±5	±3	±0.5

(2)标定过程结束后，将燃烧炉预热到设定温度，沥青用量的修正系数 C_f 输入控制程序中。按照上述步骤进行燃烧试验，得到修正后的沥青用量和混合料级配。

5. 结果整理

(1)沥青用量按式(3-14)计算。

$$P = \left(\frac{m_2}{m_1} \times 100\right) - C_f \tag{3-14}$$

式中：m_2——燃烧炉控制程序自动计算出的试样损失质量(g)；

　　　m_1——初始试样总质量(g)。

(2)混合料级配按式(3-15)计算。

$$P_i = (P'_i - C_{pi}) \times 100 \tag{3-15}$$

式中：P'_i——燃烧后沥青混合料各筛孔的通过率(%)。

6. 试验记录

沥青用量的重复性试验允许误差为 0.11%，再现性试验的允许误差为 0.17%。同一沥青混合料试样至少平行测定两次，取平均值作为试验结果。报告内容应包括燃烧炉类型、试验温度、沥青用量的修正系数、试验前后试样质量和测定的沥青用量试验结果。并将标定和测定时的试验结果打印并附到报告中。当需要进行筛分试验时，还应包括混合料的筛分结果。

【典型例题】

【例 3-2】　一组沥青混合料试件马歇尔稳定度分别为 13.10 kN、12.38 kN、16.95 kN、10.77 kN、12.98 kN、11.33 kN，求该组试件马歇尔稳定度试验结果。

答：平均值：$\overline{X} = (13.10 + 12.38 + 16.95 + 10.77 + 12.98 + 11.33)/6 = 12.918(kN)$

标准差：$S = 2.178$

最小值：$g(4)=(12.918-10.77)/2.178=0.98$

最大值：$g(3)=(16.95-12.918)/2.178=1.85$

因为 $g(3)>k=1.82(n=6)$，应舍去 $g(3)$，计算剩余数据平均值。

平均稳定度 $=(13.10+12.38+10.77+12.98+11.33)/5=12.11(\text{kN})$

3.3 热拌沥青混合料配合比设计

3.3.1 引言

热拌沥青混合料是由矿料与黏稠沥青在专门设备中加热拌和而成，用保温运输设备运送至施工现场，并在热态下进行摊铺和压实的混合料，简称热拌沥青混合料，以 HMA 表示。本节介绍普通热拌沥青混合料的配合比设计。

3.3.2 材料选择与准备

(1)配合比设计的各种矿料必须按现行《公路工程集料试验规程》(JTG E42—2005)规定的方法，从工程实际使用的材料中取代表性样品。进行生产配合比设计时，取样至少应在干拌 5 次以后进行。

(2)配合比设计所用的各种材料必须符合气候和交通条件的需要。其质量应符合《公路沥青路面施工技术规范》(JTG F40—2004)第 4 章规定的技术要求。当单一规格的集料某项指标不合格，但不同粒径规格的材料按级配组成的集料混合料指标能符合规范要求时，允许使用。

3.3.3 矿料配合比设计

(1)高速公路和一级公路沥青路面矿料配合比设计宜借助电子计算机的电子表格用试配法进行。其他等级公路沥青路面也可参照进行。

(2)矿料级配曲线按《公路工程沥青及沥青混合料试验规程》(JTG E20—2011)的方法绘制。

(3)对高速公路和一级公路，宜在工程设计级配范围内计算 1~3 组粗细不同的配比，绘制设计级配曲线，分别位于工程设计级配范围的上方、中值及下方。设计合成级配不得有太多的锯齿形交错，且在 0.3~0.6 mm 范围内不出现"驼峰"。当反复调整不能满意时，宜更换材料设计。

(4)根据当地的实践经验选择适宜的沥青用量，分别制作几组级配的马歇尔试件，测定 VMA，初选一组满足或接近设计要求的级配作为设计级配。

3.3.4 马歇尔试验

(1)普通热拌沥青混合料的制作温度要求见表 3-6。

表3-6 普通热拌沥青混合料的制作温度要求 单位：℃

项目	石油沥青的标号				
	50号	70号	90号	110号	130号
沥青加热温度	160~170	155~165	150~160	145~155	140~150
矿料加热温度	集料加热温度比沥青温度高10~30(填料不加热)				
混合料拌和温度	150~170	145~165	140~160	135~155	130~150
成型温度	140~160	135~155	130~150	125~145	120~140

（2）按式（3-16）计算矿料混合料的合成毛体积相对密度 γ_{sb}。

$$\gamma_{sb} = \frac{100}{\dfrac{P_1}{\gamma_1} + \dfrac{P_2}{\gamma_2} + \cdots + \dfrac{P_n}{\gamma_n}} \tag{3-16}$$

式中：P_1，P_2，$\cdots$，P_n——各种矿料成分的配比，其和为100；

γ_1，γ_2，$\cdots$，γ_n——各种矿料相应的毛体积相对密度，粗集料按T 0304方法测定，机制砂及石屑可按T 0330方法测定，也可以用筛出的2.36~4.75 mm部分的毛体积相对密度代替，矿粉(含消石灰、水泥)以表观相对密度代替。

（3）按式（3-17）计算矿料混合料的合成表观相对密度。

$$\gamma_{sa} = \frac{100}{\dfrac{P_1}{\gamma_1'} + \dfrac{P_2}{\gamma_2'} + \cdots + \dfrac{P_n}{\gamma_n'}} \tag{3-17}$$

式中：P_1，P_2，$\cdots$，P_n——各种矿料成分的配比，其和为100；

γ_1'，γ_2'，$\cdots$，γ_n'——各种矿料按试验规程方法测定的表观相对密度。

（4）确定矿料的有效相对密度。

①对非改性的沥青混合料宜以估计的最佳油石比拌和两组混合料，采用真空法实测密度反算。

$$\gamma_{se} = \frac{100 - P_b}{\dfrac{100}{\gamma_t} - \dfrac{P_b}{\gamma_b}} \tag{3-18}$$

式中：γ_{se}——合成矿料的有效相对密度；

P_b——试验采用的沥青用量(占混合料总量的百分数)(%)；

γ_t——试验沥青用量条件下实测得到的最大相对密度，无量纲；

γ_b——沥青的相对密度(25℃/25℃)，无量纲。

②对改性沥青及SMA等难以分散的混合料，有效相对密度由计算法确定。

$$\gamma_{se} = C \times \gamma_{sa} + (1 - C) \times \gamma_{sb} = \gamma_{sb} + C \times (\gamma_{sa} - \gamma_{sb}) \tag{3-19}$$

$$C = 0.033\omega_X^2 - 0.2936\omega_X + 0.9339 \tag{3-20}$$

$$\omega_X = \left(\frac{1}{\gamma_{sb}} - \frac{1}{\gamma_{sa}} \right) \times 100 \tag{3-21}$$

（5）采用表干法测定马歇尔试件的毛体积密度。

（6）确定 VV、VMA 和 VFA。

按下式计算沥青混合料试件的空隙率、矿料间隙率 VMA、有效沥青的饱和度 VFA 等体积指标，取 1 位小数，进行体积组成分析。

$$VV = \left(1 - \frac{\gamma_f}{\gamma_t}\right) \times 100 \tag{3-22}$$

$$VMA = \left(1 - \frac{\gamma_f}{\gamma_{sb}} \times P_s\right) \times 100 \tag{3-23}$$

$$VFA = \frac{VMA - VV}{VMA} \times 100 \tag{3-24}$$

式中：VV——试件的空隙率（%）；

VMA——试件的矿料间隙率（%）；

VFA——试件的有效沥青饱和度（有效沥青含量占 VMA 的体积比例）（%）；

γ_f——试件的毛体积相对密度，无量纲；

γ_t——沥青混合料的最大理论相对密度，无量纲；

P_s——各种矿料占沥青混合料总质量的百分率之和，即 $P_s = 100 - P_b$（%）；

γ_{sb}——矿料混合料的合成毛体积相对密度。

3.3.5 确定最佳沥青用量

1. 确定最佳沥青用量

（1）以预估的油石比为中值，按一定间隔（比如 0.5%），取 5 个或 5 个以上不同的油石比分别制成马歇尔试件。

（2）测试指标：毛体积相对密度（≥4 个试件），稳定度与流值（≥4 个试件）。

（3）计算体积指标 VV、VMA、VFA。

（4）分别绘制毛体积相对密度、稳定度、空隙率、沥青饱和度、流值、矿料间隙率与沥青用量/油石比的关系曲线。a_1、a_2、a_3、a_4 分别为其对应的沥青用量。

2. 确定沥青混合料的最佳沥青用量 OAC_1

（1）通常情况 $OAC_1 = (a_1 + a_2 + a_3 + a_4)/4$。

（2）如果在所选择的沥青用量范围未能涵盖沥青饱和度的要求范围，则

$$OAC_1 = (a_1 + a_2 + a_3)/3 \tag{3-25}$$

（3）如果密度或稳定度没有出现峰值，可直接以目标空隙率所对应的沥青用量 a_3 作为 OAC_1，即 $OAC_1 = a_3$。

（4）但 OAC_1 必须介于 OAC_{min} 至 OAC_{max} 的范围内，否则应重新进行级配设计。

3. 确定沥青混合料的最佳沥青用量 OAC_2

以各项指标均符合技术标准（不含 VMA）的沥青用量范围 $OAC_{min} \sim OAC_{max}$ 中值为 OAC_2，即

$$OAC_2 = (OAC_{min} \sim OAC_{max})/2 \tag{3-26}$$

4.调整确定最佳沥青用量

通常最佳沥青用量 OAC 的计算公式如下：

$$OAC = (OAC_1 + OAC_2)/2 \qquad (3-27)$$

综合考虑实践经验和公路等级、气候条件、交通情况特点，调整确定最佳沥青用量 OAC。得到最佳沥青用量后，进而可由图得出 VV、VMA 的数值，检验是否满足关于最小 VMA 的要求。OAC 宜位于 VMA 凹型曲线最小值的贫油一侧。

3.3.6 配合比设计检验

(1)高温稳定性检验。

(2)水稳定性检验。

(3)低温抗裂性能检验。

(4)渗水系数检验。

【典型例题】

【例 3-3】 根据以下材料，对沥青混凝土上面层 AC-13 进行配合比设计，沥青混合料矿料级配范围、马歇尔试验技术标准及沥青混合料性能技术标准，按现行规范执行。其中：原材料试验及技术标准参照《公路工程集料试验规程》(JTG E42—2005)、沥青及沥青混合料试验参照《公路工程沥青及沥青混合料试验规程》(JTG E20—2011)，各项试验均有详细的方法说明，沥青混合料的技术要求参照《公路沥青路面施工技术规范》(JTG F40—2004)。

上面层 AC-13C 粗集料采用郴州市良田大发采石场的黑色玄武岩，水泥采用湖南桂阳南方水泥有限公司生产的 P·O42.5 水泥。

1.原材料试验

(1)集(石)料试验。

粗集料性能指标如表 3-7 所示。

表 3-7 粗集料性能指标

性能指标	玄武岩	技术要求	结论	检验方法
表观相对密度/$(g \cdot cm^{-3})$	2.915	≥2.6	合格	T 0304
吸水率/%	0.45	≤3.0	合格	T 0304
压碎值/%	12.4	≤26	合格	T 0316
洛杉矶磨耗/%	9.5	≤28	合格	T 0317
针片状含量/%	2.4	≤15	合格	T 0312
黏附性等级	5 级	≥4 级	合格	T 0616
磨光值/BPN	49	≥42	合格	T 0321
软石含量/%	0.5	≤3	合格	T 0320
坚固性	6.1	≤12	合格	T 0314

(2)沥青试验。

AH-70 橡胶沥青性能指标如表 3-8 所示。

表 3-8　AH-70 橡胶沥青性能指标

检测项目	性能指标	技术要求	判定结论	试验方法
180℃ 旋转黏度/(Pa·s)	2.7	1.5~4.0	合格	T 0625
针入度（25℃，100 g，5 s），(0.1 mm) 不小于	47	25~70	合格	T 0604
软化点，不小于/℃	60.4	52~74	合格	T 0606
弹性恢复，25℃，不小于/%	78	≥60	合格	T 0662

2. 配合比设计

（1）AC-13 矿料配合比设计。

AC-13 型筛分及合成级配如表 3-9 所示，AC-13C 级配组成曲线如图 3-1。

表 3-9　AC-13 型筛分及合成级配

筛孔/mm	16	13.2	9.5	4.75	2.36	1.18	0.6	0.3	0.15	0.075	比例/%
级配上限	100	100	80	42	25	20	15	12	10	8	
级配下限	100	90	60	28	15	12	8	6	5	3	
1#（9.5~16）	100	92.2	21.1	0.2	0.2	0.2	0.2	0.2	0.2	0.2	36
2#（4.75~9.5）	100	100	91.4	2	0.3	0.3	0.3	0.3	0.3	0.3	34
3#（2.36~4.75）	100	100	100	86.3	0.6	0.3	0.3	0.3	0.3	0.3	8
4#（0~2.36）	100	100	100	100	80.4	70.4	45.5	33.3	21.2	9.9	20
水泥	100	100	100	100	100	100	100	97.7	92.1	87.2	2
级配中值	100	95	70	35	20	16	11.5	9	7.5	5.5	
合成级配	100.0	97.2	68.7	29.7	18.3	16.3	11.3	8.8	6.3	3.9	100.0

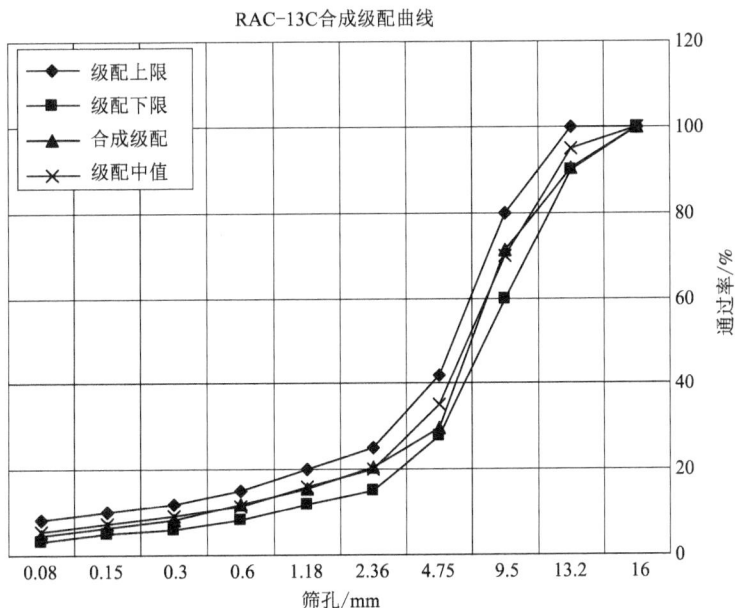

图 3-1　AC-13C 级配组成曲线

（2）AC-13 马歇尔试验结果汇总表。

AC-13 级配油石比优选试验数据如表 3-10 所示。

表 3-10　AC-13 级配油石比优选试验数据

油石比	3.8	4.3	4.8	5.3	5.8	技术要求
击实密度	2.425	2.437	2.447	2.441	2.426	—
空隙率/%	7.8	6	4.9	4.2	3.4	4~6
矿料空隙率/%	20.7	20.7	20.8	21.4	22.3	≥14
饱和度/%	62.3	70.0	72.6	78.0	83.4	70~85
稳定度	10.36	11.25	12.07	11.98	11.04	≥7
流值	19.4	25.5	31.2	35.6	40.0	20~50

击实密度最大的油石比 $a_1 = 4.8$

稳定度最大的油石比 $a_2 = 4.9$

目标空隙率对应的油石比 $a_3 = 4.7$

饱和度范围中值对应的油石比 $a_4 = 5.2$

$OAC_1 = (a_1 + a_2 + a_3 + a_4)/4 = 4.9$

$OAC_{min} = 4.7$

$OAC_{max} = 5.2$

$OAC_2 = (OAC_{min} + OAC_{max})/2 = 4.7$

$OAC = (OAC_1 + OAC_2)/2 = 4.8$

3. 沥青混合料性能试验

（1）AC-13 上面层车辙试验。

AC-13 车辙试验结果如表 3-11 所示。

表 3-11　AC-13 车辙试验结果

编号	动稳定度/(次·mm⁻¹)		试验温度/℃	轮胎压力/MPa	技术要求/(次·mm⁻¹)
	单个值	平均值			
1	2512				
2	2041	2273	60	0.7	>800
3	2267				
备注	①试件尺寸：300 mm×300 mm×50 mm； ②矿料的级配组成设计为（9.5~16）:（4.75~9.5）:（2.36~4.75）:（0~2.36）:（水泥）= 36:34:8:20:2 ③最佳油石比 OAC=4.8%，对应的沥青混合料密度 = 2.451 g/cm³； ④结论：该沥青混合料高温稳定性满足规范要求				

（2）AC-13 残留马歇尔稳定度试验。

AC-13 残留马歇尔稳定度试验结果如表 3-12 所示。

表 3-12　AC-13 残留马歇尔稳定度试验结果

油石比 /%	浸水 48 h			浸水 30~40 min			残留 稳定度 /%	规范 要求 /%
	实测密度 /(g·cm⁻³)	稳定度 /kN	流值 /mm	实测密度 /(g·cm⁻³)	稳定度 /kN	流值 /mm		
4.8	2.455	11.75	3.89	2.452	12.17	3.99	92.5	≥85
	2.458	10.99	3.87	2.447	12.35	4.02		
	2.449	11.32	3.67	2.448	11.98	3.58		
	2.452	11.25	3.92	2.458	12.31	3.67		
	2.451	11.07	3.84	2.455	12.21	3.84		
	2.445	11.54	3.92	2.437	12.44	3.94		
平均值	2.452	11.32	3.85	2.450	12.24	3.84		

（3）AC-13 冻融劈裂试验。

AC-13 冻融劈裂试验结果如表 3-13 所示。

表 3-13　AC-13 冻融劈裂试验结果

油石比 /%	经过冻融劈裂			未经冻融劈裂			TSR /%	规范 要求 /%
	试件高 /mm	荷载 /kN	强度 /MPa	试件高 /mm	荷载 /kN	强度 /MPa		
4.8	63.5	7.75	0.77	63.6	8.33	0.82	90.5	≥80
	63.5	7.66	0.76	63.4	8.77	0.87		
	63.8	7.82	0.77	63.8	8.37	0.82		
	63.4	7.52	0.75	63.8	8.22	0.81		
	63.7	7.5	0.74	63.5	8.47	0.84		
	63.5	7.49	0.74	63.4	8.39	0.83		
平均值	63.6	7.6	0.8	63.6	8.4	0.8		

4. 结论

沥青混合料配合比如表 3-14 所示。

表 3-14 沥青混合料配合比

级配类型	各集料在矿料混合料中的用量/%					最佳沥青用量/%	马歇尔密度/(g·cm⁻³)	车辙/(次·mm⁻¹)	残留马歇尔/%	冻融劈裂抗拉强度比/%
	9.5~16	4.75~9.5	2.36~4.75	0~2.36	水泥					
RAC-13	36	34	8	20	2	4.8	2.451	5273	92.5	90.5

结论：试验结果表明，沥青混合料上面层 AC-13 高温稳定性能及水稳定性能均满足《公路沥青路面施工技术规范》(JTG F40—2004)相应的技术要求。

第4章 公路工程土工试验与检测技术

4.1 土的工程分类

土的工程分类一般按照粒径组成、土颗粒的矿物成分、有机质含量以及塑性指数进行分类。我国公路用土主要依据土的颗粒组成特征、土的塑性指标和土中有机质含量,分为巨粒土、粗粒土和细粒土,并作进一步划分。表4-1为按照土的粒径大小进行分类,表4-2~表4-5为按照不同粒径进行的进一步划分。

表 4-1　按粒径划分

粒组	粒组名称		粒径 d 范围/mm
巨粒	漂石(块石)		$d>200$
	卵石(碎石)		$200 \geqslant d>60$
粗粒	砾粒	粗砾	$60 \geqslant d>20$
		中砾	$20 \geqslant d>5$
		细砾	$5 \geqslant d>2$
	砂粒	粗砂	$2 \geqslant d>0.5$
		中砂	$0.5 \geqslant d>0.25$
		细砂	$0.25 \geqslant d>0.075$
细粒	粉粒		$0.075 \geqslant d>0.002$
	黏粒		$0.002 \geqslant d$

表 4-2　巨粒土和含巨粒土的分类

土类	粒组含量		土代号	土名称
巨粒土	巨粒含量>75%	漂石粒含量大于卵石粒含量	B	漂石(块石)
		漂石粒含量不大于卵石粒含量	Cb	卵石(碎石)
混合巨粒土	50%<巨粒含量≤75%	漂石粒含量大于卵石粒含量	BSl	混合土漂石(块石)
		漂石粒含量不大于卵石粒含量	CbSl	混合土卵石(块石)
巨粒混合土	15%<巨粒含量≤50%	漂石粒含量大于卵石粒含量	SlB	漂石(块石)混合土
		漂石粒含量不大于卵石粒含量	SlCb	卵石(碎石)混合土

表 4-3　砾类土的分类

土类	粒组含量		土代号	土名称
砾	细粒含量≤5%	级配 $C_u \geq 5$，$C_c = 1 \sim 3$	GW	级配良好砾
		级配不同时满足上述条件时	GP	级配不良砾
含细粒土砾	5%<细粒含量≤15%		GF	含细粒土砾
细粒土质砾	15%<细粒含量≤50%	细粒土在塑性图 A 线以下	GM	粉土质砾
		细粒土在塑性图 A 线或 A 线以上	GC	黏土质砾

表 4-4　砂类土的分类（砾粒组≤50%）

土类	粒组含量		土代号	土名称
砂	细粒含量≤5%	级配 $C_u \geq 5$，$C_c = 1 \sim 3$	SW	级配良好砂
		级配不同时满足上述条件时	SP	级配不良砂
含细粒土砂	5%<细粒含量≤15%		SF	含细粒土砂
细粒土质砂	15%<细粒含量≤50%	细粒土在塑性图 A 线以下	SM	粉土质砂
		细粒土在塑性图 A 线或 A 线以上	SC	黏土质砂

表 4-5　细粒土的分类

土的塑性指标在塑性图中的位置		土代号	土名称
塑性指数 I_p	液限 $\omega_L/\%$		
$I_p \geq 0.73(\omega_L - 20)$ 和 $I_p \geq 7$	≥50	CH	高液限黏土
	<50	CL	低液限黏土
$I_p < 0.73(\omega_L - 20)$ 和 $I_p < 4$	≥50	MH	高液限粉土
	<50	ML	低液限粉土

4.2　土的物理性质试验

4.2.1　土的密度试验

1. 试验目的

测定土在天然状态下单位体积的质量。

2. 试验设备和器材

(1) 环刀：内径 6~8 cm，高 2~5.4 cm，壁厚 1.5~2.2 mm；

(2) 天平：感量 0.01 g；

(3) 其他：削土刀、钢丝锯、凡士林等。

3.试验方法和步骤

(1)按工程需要取原状土或制备所需状态的扰动土样,整平两端,环刀内壁涂一薄层凡士林,刀口向下放在土样上。

(2)用削土刀或钢丝锯将土样上部削成略大于环刀直径的土柱,然后将环刀垂直下压,边压边削,至土样伸出环刀上部为止。削去两端余土,使与环刀口面齐平,并用剩余土样测定含水率。

(3)擦净环刀外壁,称环刀与土的总质量,精确至 0.01 g。

4.结果整理

按式(4-1)和式(4-2)分别计算湿密度及干密度:

$$\rho = \frac{m_1 - m_2}{V} \qquad (4-1)$$

$$\rho_d = \frac{\rho}{1 + 0.01w} \qquad (4-2)$$

式中:ρ——湿密度,精确至 0.01 g/cm³;

m_1——环刀与土的总质量(g);

m_2——环刀质量(g);

V——环刀体积(cm³);

ρ_d——干密度,精确至 0.01 g/cm³;

w——含水率(%)。

5.精度和允许差

本试验应进行二次平行测定,其平行差值不得大于 0.03 g/cm³,否则应重做试验。密度取其算术平均值,精确至 0.01 g/cm³。

4.2.2 土的含水率试验

1.试验目的

用烘干法测定土的含水率。

2.试验设备和器材

(1)烘箱;

(2)天平:称量 200 g,感量 0.01 g;称量 5000 g,感量 1 g;

(3)其他:干燥器、称量盒等。

3.试验方法和步骤

(1)取具有代表性试样,细粒土不小于 50 g,砂类土、有机质土不小于 100 g,砾类土不小于 1 kg,放入称量盒内,立即盖好盒盖,称质量;

(2)揭开盒盖,将试样和盒放入烘箱内,在温度 105～110℃恒温下烘干。烘干时间对细粒土不得小于 8 h;对砂类土和砾类土不得小于 6 h;对含有机质超过 5%的土或含石膏的土,应将温度控制在 60～70℃的范围内,烘干时间不宜小于 24 h;

(3)将烘干后的试样和盒子取出,放入干燥器内冷却(一般为 0.5～1 h)。冷却后盖好盒盖,称质量,细粒土、砂类土和有机质土精确至 0.01 g;砾类土精确至 1 g。

4.结果整理

土的含水率按式(4-3)计算：

$$w = \frac{m - m_s}{m_s} \times 100 \qquad (4-3)$$

式中：w——含水率(%)，精确至 0.1%；

m——湿土质量(g)；

m_s——干土质量(g)。

5.精度和允许差

本试验应进行二次平行测定，取其算术平均值，精确至 0.1%，允许平行差值应符合表 4-6 的规定，否则应重做试验。

表 4-6　含水率测定的允许平行差值

含水率 w/%	允许平行差值/%
$w \leqslant 5.0$	$\leqslant 0.3$
$5.0 < w \leqslant 40.0$	$\leqslant 1.0$
$w > 40.0$	$\leqslant 2.0$

4.2.3　土的液限、塑限试验

1.试验目的

(1)了解细粒土界限含水量的特征、定义及测定方法。液性界限(ω_L)是细粒土从塑性状态转变为液性状态的界限含水量，简称液限；塑性界限(ω_P)是细粒土从半固体状态转变为塑性状态的界限含水量，简称塑限。

(2)测定土的液塑限，用以计算土的塑性指数和液性指数，作为细粒土分类及估计地基土承载力的一个依据，供设计、施工使用。

2.试验方法

在试验室中，液限(ω_L)通常采用锥式液限仪测定；塑限(ω_P)通常采用搓条法测定。目前工程中常用液塑限联合测定仪一起测定黏性土的液限和塑限。试验用液塑限联合测定仪如图 4-1 所示。

3.试验仪器、设备

(1)液塑限联合测定仪，应包括带标尺的圆锥仪、电磁铁、显示屏、控制开关和试验样杯。圆锥质量为 100 g 或 76 g，锥角为 30°；

(2)盛土杯：内径 50 mm，深度 40~50 mm；

(3)天平：感量 0.01 g；

(4)其他：筛(孔径 0.5 mm)、调土刀、调土皿、称量盒、研钵(附带橡皮头的研杵或橡皮板、木棒)干燥器、吸管、凡士林等。

4.测试方法、步骤

(1)试验原则上应采用天然含水率的土样进行，也允许用风干土制备土样，土样过

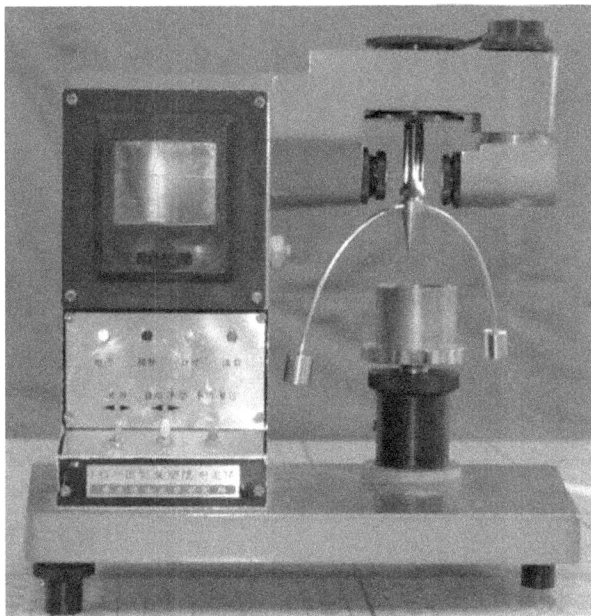

图 4-1 液塑限联合测定仪

0.5 mm 筛后,喷洒配制一定含水率的土样,然后装入密闭玻璃广口瓶内,润湿一昼夜备用(土样制备工作试验室已预先做好)。

(2)将制备的土样充分搅拌均匀,分层装入盛土杯,用力压密,使空气逸出。对于较干的土样,应先充分搓揉,用调土刀反复压实。试杯装满后,刮成与杯边齐平。

(3)当用游标式或百分表式液塑限联合测定仪试验时,调平仪器,提起锥杆(此时游标或百分表读数为零)、锥头上涂少许凡士林。

(4)将装好土样的试杯放在液塑限联合测定仪的升降座上,转动升降旋钮,待锥尖与土样表面刚好接触时停止升降,扭动锥下降旋钮,经 5 s 时,锥体停止下落,此时游标读数即锥入深度 h_1。

(5)改变锥尖与土接触位置(锥尖两次锥入位置距离不小于 1 cm),重复本试验(3)和(4)步骤,得锥入深度 h_2。h_1、h_2 允许平行误差为 0.5 mm,否则应重做。取 h_1、h_2 平均值作为该点的锥入深度 h。

(6)去掉锥尖入土处的凡士林,取 10 g 以上的土样两个,分别装入称量盒内,称质量(精确至 0.01 g),测定其含水率 w_1、w_2(计算到 0.1%)。计算含水率平均值 w。

(7)重复本试验(2)~(6)步骤,对其他两个含水率土样进行试验,测其锥入深度和含水率。

5.试验数据整理

(1)确定塑限和液限。

以含水率为横坐标,以圆锥入土深度为纵坐标在双对数坐标纸上绘制含水率与相应的圆锥入土深度关系曲线,如图 4-2 所示。三点应在一根直线上,如图 4-2 中 A 线。如果三点不在同一直线上,通过高含水率的一点与其余两点连两根直线,在圆锥入土深度为 2 mm 处查得相应的两个含水率,如果两个含水率的差值小于2%,用该两含水率的平均值的点与高含水率的测点作直线,如图4-2中的B线,若两个含水率差值等于或大于2%,则应重做试验。

在含水率与圆锥下沉深度的关系图上查得下沉深度为17 mm对应的含水率为液限,查得下沉深度为2 mm对应的含水率为塑限。

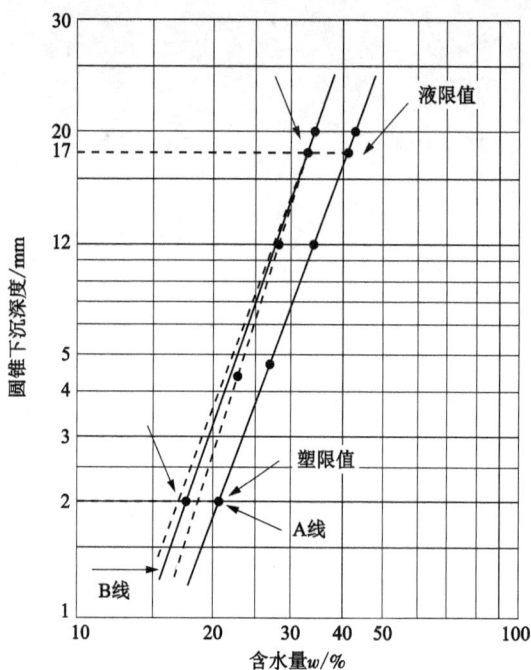

图4-2 土的含水量与圆锥下沉深度关系

(2)塑性指数计算,见式(4-4):

$$I_P = \omega_L - \omega_P \tag{4-4}$$

式中:I_P——塑性指数,精确至0.1;

ω_L——液限(%);

ω_P——塑限(%)。

(3)液性指数计算,见式(4-5):

$$I_L = \frac{\omega_0 - \omega_P}{I_P} \tag{4-5}$$

式中:I_L——液性指数,精确至0.01;

ω_0——天然含水率(%)。

6.试验要求

本试验应进行两次平行测定,其允许差值为高液限土≤2%,低液限土≤1%,若不满足要求,则应重做试验。取其算术平均值,保留至小数点后一位。

4.3 土的力学性质试验

4.3.1 土的直接剪切试验

1.试验目的

(1)测定土的抗剪强度指标 c 和 $\varPhi$，为计算地基承载力、挡墙土压力、验算地基及土坡稳定提供基本参数。

(2)了解应变式直接剪切试验测定土的抗剪强度指标的方法。分为快剪(Q)、固结快剪(CQ)、慢剪(S)三种试验方法。

2.试验方法

(1)快剪：在试样上施加垂直压力后立即快速施加水平剪应力。

(2)固结快剪：在试样上施加垂直压力，待试样排水固结稳定后，快速施加水平剪应力。

(3)慢剪：在试样上施加垂直压力及水平剪应力的过程中，均使试样排水固结。

本次试验内容只进行快剪试验。

3.试验设备

(1)应变控制式直剪仪(图4-3)：由剪切盒、垂直加荷设备、剪切传动装置、测力计和位移量测系统组成；

(2)环刀：内径61.8 mm，高20 mm；

(3)位移量测设备：百分表或位移传感器。

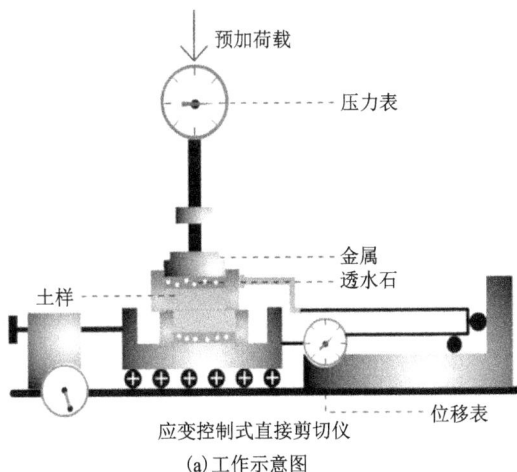

(a)工作示意图 （b)实物图

图4-3 应变控制式直剪仪

4.试验步骤

(1)制备土样：制备给定干密度和含水量范围的扰动土样，土样为直径约200 mm，高约100 mm的土柱(实际工程中，切取原状土样)。

(2)切取土样：用与直剪仪配套的环刀切取土样。环刀刃口向下对准圆柱土样中心，慢慢垂直下压，边压边削切土样使土样成锥台形。直至土样伸出环刀顶面为止，将环刀两边余土削去修平，擦净环刀外壁。

（3）对准剪切容器上下盒，插入固定销，在下盒内放透水石和滤纸，将带有试样的环刀刃向上，对准剪盒口，在试样上放滤纸和透水石，将试样小心地推入剪切盒内。

（4）移动传动装置，使上盒前端钢珠刚好与测力计接触，依次加上传压板、加压框架，安装垂直位移量测装置，测记初始读数。

（5）根据工程实际和土的软硬程度施加各级垂直压力，然后向盒内注水；当试样为非饱和试样时，应在加压板周围包湿棉花。

（6）施加垂直压力，每 1 h 测记垂直变形一次。试样固结稳定时的垂直变形值为每 1 h 不大于 0.005 mm。

（7）拔去固定销，以小于 0.02 mm/min 的速度进行剪切，并每隔一定时间测记测力计百分表读数，直至剪损。

（8）当测力计百分表读数不变或后退时，继续剪切至剪切位移为 4 mm 时停止，记下破坏值。当剪切过程中测力计百分表无峰值时，剪切至剪切位移达 6 mm 时停止。

（9）剪切结束，吸去盒内积水，退掉剪切力和垂直压力，移动压力框架，取出试样，测定其含水率。

5.数据整理

（1）剪应力按式(4-6)计算：

$$\tau = \frac{CR}{A0} \times 10 \tag{4-6}$$

式中：τ——剪应力，精确至 0.1 kPa；

C——测力计率定系数（N/0.01 mm）；

R——测力计读数（0.01 mm）；

A_0——试样初始的面积（cm²）；

10——单位换算系数。

（2）绘制 τ-σ 曲线。

以抗剪强度 τ 为纵坐标，垂直压力 σ 为横坐标，绘制抗剪强度 τ 与垂直压力 σ 的关系曲线。根据图上各点，绘制一条视测的直线，则直线的倾角为土的内摩擦角 ϕ，直线在纵坐标轴上的截距为土的黏聚力 c，如图 4-4 所示。

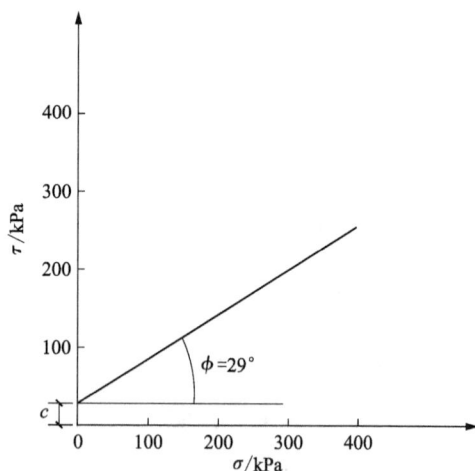

图 4-4 τ-σ 曲线图

4.3.2 土的三轴剪切试验

1.试验目的

三轴剪切试验是在三向应力状态下，测定土的抗剪强度参数的一种剪切试验方法。通常用 3~4 个圆柱体试样，分别在不同的恒定围压下，施加轴向压力，进行剪切，直至破坏；然后根据极限应力圆包络线，求得抗剪强度参数。

2.试验方法

根据排水条件不同,三轴剪切试验分为不固结不排水试验(UU)、固结不排水试验(CU)和固结排水试验(CD)。本教材只做不固结不排水剪切试验。

3.试验设备

(1)应变控制式三轴剪切仪:由周围压力系统、反压力系统、孔隙水压力量测系统和主机组成。

(2)附属设备:包括击实器、饱和器、切土器、分样器、切土盘、承膜筒和对开圆模。

(3)百分表:量程3 cm。

(4)天平:感量0.01 g。

(5)橡皮膜:应具有弹性,厚度应小于橡皮膜直径的1/100,不得有漏气孔。

4.试验步骤

(1)试样制备。

①本试验需3~4个试样,分别在不同周围压力下进行试验。

②试样尺寸:最小直径为35 mm,最大直径为101 mm,试样高度宜为试样直径的2~2.5倍。对于有裂缝、软弱面和构造面的试样,试样直径宜大于60 mm。

③原状土试样制备:根据土样的软硬程度,分别用切土盘和切土器按规定切成圆柱形试样,试样两端应平整,并垂直于试样轴,当试样侧面或端部有小石子或凹坑时,允许用削下的余土修整,试样切削时应避免扰动,并取余土测定试样的含水率。

④扰动土试样制备:根据预定的干密度和含水率,按规定备样后,在击实器内分层击实,粉质土宜为3~5层,黏质土宜为5~8层,各层土样数量相等,各层接触面应刨毛。

⑤对于制备好的试样,应测量其直径和高度。试样的平均直径按式(4-7)计算:

$$D_0 = \frac{D_1 + 2D_2 + D_3}{4} \qquad (4-7)$$

式中:D_0——试样的平均直径,精确至0.1 mm;

　　D_1、D_2、D_3——试样上、中、下部位的直径(mm)。

(2)试样的安装。

①在压力室底座上依次放上不透水板、试样及试样帽,将橡皮膜套在试样外,并将橡皮膜两端与底座入试样帽分别扎紧。

②装上压力室罩,向压力室内注满纯水,关排气阀,压力室内不应有残留气泡。并将活塞对准测力计和试样顶部。

③关排水阀,开周围压力阀,施加周围压力,周围压力值应与工程实际荷载相适应,最大一级周围压力应与最大实际荷载大致相等。

④转动手轮,使试样帽与活塞及测力计接触,装上变形百分表,将测力计和变形百分表读数调至零位。

(3)剪切试样。

①剪切应变速率宜使试样轴向应变在每分钟0.5%~1%。

②开动马达,接上离合器,开始剪切。试样每产生0.3%~0.4%的轴向应变,测记一次测力计读数和轴向应变。当轴向应变大于3%时,每隔0.7%~0.8%的应变值测记一次读数。

③当测力计读数出现峰值时,剪切应继续进行至超过5%的轴向应变为止。当测力计读

数无峰值时,剪切应进行到轴向应变为 15%~20%。

④试验结束后,先关闭周围压力阀,关闭马达,拨开离合器。倒转手轮,然后打开排气孔,排除受压室内的水,拆除试样,描述试样破坏形状,称试样质量,并测定含水率。

5. 试验数据整理

(1)轴向应变按式(4-8)计算:

$$\varepsilon_1 = \frac{\Delta h_i}{h_0} \tag{4-8}$$

式中:ε_1——轴向应变值(%);

Δh_i——剪切过程中的高度变化(mm);

h_0——试样初始高度(mm)。

(2)试样面积的校正按式(4-9)计算:

$$A_a = \frac{A_0}{1-\varepsilon_1} \tag{4-9}$$

式中:A_a——试样的校正断面积(cm^2);

A_0——试样的初始断面积(cm^2)。

(3)主应力差($\sigma_1-\sigma_3$)按式(4-10)计算:

$$\sigma_1 - \sigma_3 = \frac{CR}{A_a} \times 10 \tag{4-10}$$

式中:σ_1——大主应力(kPa);

σ_3——小主应力(kPa);

C——测力计校正系数(N/0.01 mm);

R——测力计读数(0.01 mm)。

(4)绘制主应力差($\sigma_1-\sigma_3$)与轴向应变(ε_1)的关系曲线,以轴向应变为横向坐标,主应力差为纵向坐标,绘制($\sigma_1-\sigma_3$)-ε_1曲线。

(5)绘制应力圆及强度包线。

思考与练习

1. 土的密度还可以采用什么方法测试?

2. 土的塑限、液限的物理意义是什么?测试塑性指数和液性指数对实际工程有何意义?

第5章　公路工程水泥与水泥混凝土试验与检测技术

5.1　水泥的技术性质和技术要求

公路工程用水泥主要技术性质如表5-1～表5-2所示。

表5-1　各交通等级路面用水泥不同龄期的抗压和抗折强度

交通等级	特重交通		重交通		中、轻交通	
龄期/d	3	28	3	28	3	28
抗压强度/MPa，≥	25.5	57.5	22.0	52.5	16.0	42.5
抗折强度/MPa，≥	4.5	7.5	4.0	7.0	3.5	6.5

表5-2　各交通等级路面用水泥的化学成分和物理指标

水泥性能	特重、重交通路面	中、轻交通路面
铝酸三钙	≤7.0%	≤9.0%
铁铝酸四钙	≤15.0%	≤12.0%
游离氧化钙	≤1.0%	≤1.5%
氧化镁	≤5.0%	≤6.0%
三氧化硫	≤3.5%	≤4.0%
碱含量	$Na_2O+0.658K_2O \leq 0.6\%$	怀疑有碱活性集料时，≤0.6%； 无碱活性集料时，≤1.0%
混合材种类	不得掺窑灰、煤矸石、火山灰和黏土， 有盐冻要求时不得掺石灰、石粉	不得掺窑灰、煤矸石、火山灰和黏土， 有盐冻要求时不得掺石灰、石粉
出磨时安定性	雷氏夹或蒸煮法检验必须合格	煮法检验必须合格
标准稠度需水量	≤28%	≤30%
烧失量	≤3.0%	≤5.0%
比表面积	宜为300～450 m²/kg	宜为300～450 m²/kg
细度(0.8 mm)	筛余量≤10%	筛余量≤10%
初凝时间	≥45 min	≥45 min
终凝时间	≤390 min	≤390 min
28 d 干缩率	≤0.09%	≤0.10%
耐磨性	≤3.6 kg/m³	≤3.6 kg/m³

5.2 水泥性能试验

试验要求：

(1)试验室温度为17～25℃，相对湿度不低于50%。养护室温度为(20±2)℃，相对湿度大于90%。

(2)试验用水应是洁净的淡水，有争议时也可采用蒸馏水。

(3)水泥试样应充分搅拌均匀，并通过0.9 mm方孔筛，记录其筛余量情况。

(4)试验用材料、仪器、用具的温度与试验室一致。

5.2.1 水泥细度试验(筛析法)

水泥细度检验有比表面积法和筛析法。以下主要介绍筛析法。

1.试验目的

根据国家标准检验评定水泥细度是否合格。

2.主要仪器设备

(1)试验筛：由圆形筛框和筛网组成，分负压筛和水筛两种。

(2)负压筛析仪：由旋风筒、负压源、收尘系统、筛座、控制指示仪和负压筛盖组成。

(3)水筛架和喷头。

(4)天平：量程应不小于100 g，感量不大于0.01 g。

3.试验步骤

(1)负压筛法。

①筛析试验前，应把负压筛放在筛座上，盖上筛盖，接通电源，检查控制系统，调节负压至4000～6000 Pa范围内。

②试验称取试样10 g，称取试样精确至0.01 g。

③试样置于洁净的负压筛中，盖上筛盖，放在筛座上，开动筛析仪连续筛析120 s，在此期间如有试样附着在筛盖上，可轻轻地敲击，使试样落下。筛毕，用天平称量筛余物质量，精确至0.01 g。

④当工作负压小于4000 Pa时，应清理吸尘器内水泥，使负压恢复正常。

常用负压筛设备如图5-1所示。

(2)水筛法。

①筛析试验前，调整好水压及水筛架的位置，使其能正常运转。喷头底面和筛网之间距离为35～75 mm。

②称取试样50 g，置于洁净的水筛中，立即用淡水冲洗至大部分细粉通过后，放在水筛架上，用水压为0.05 MPa±0.02 MPa的喷头连续冲洗180 s。筛毕，用少量水把筛余物冲至蒸发皿中，等水泥颗粒全部沉淀后，小心倒出清水，烘干并用天平称量筛余物质量，精确至0.01 g。

(3)试验筛的清洗

试验筛必须保持洁净，筛孔通畅，使用10次以后要进行清洗。金属框筛、铜丝网筛清洗时应用专门的清洗剂，不可用弱酸浸泡。

图 5-1 常用负压筛

4.试验结果处理

水泥试样筛余百分数,按式(5-1)计算,结果精确至 0.1%:

$$F = \frac{R_s}{m} \times 100 \qquad\qquad (5-1)$$

式中:F——水泥试样的筛余百分数(%);

R_s——水泥筛余物的质量(g);

m——水泥试样的质量(g)。

5.试验结论

将试验测试结果与相应标准要求进行对比,满足标准要求时,则可判断该水泥试样细度合格,否则为不合格。筛析法有负压筛法、水筛法和干筛法,在检验中,当其他方法与负压筛法发生争议时,以负压筛法为准。

5.2.2 水泥标准稠度用水量检验

1.试验目的

本试验的目的是测定水泥净浆达到标准稠度时的用水量,为测定水泥的凝结时间和体积安定性做好准备。

2.主要仪器及设备

标准稠度测定仪(维卡仪)、水泥净浆搅拌机、量水器。主要设备如图 5-2、图 5-3 所示。

3.试验步骤

(1)试验准备。

维卡仪金属棒能自由滑动;调整至试杆接触玻璃板时指针对准零点;搅拌机运行正常。

(2)水泥净浆的拌制。

用水泥净浆搅拌机搅拌,搅拌锅和搅拌叶片先用湿布擦过,将拌和水倒入搅拌锅内,然后在 5~10 s 内小心将称好的 500 g 水泥加入水中,防止水和水泥溅出;拌和时,先将锅放在

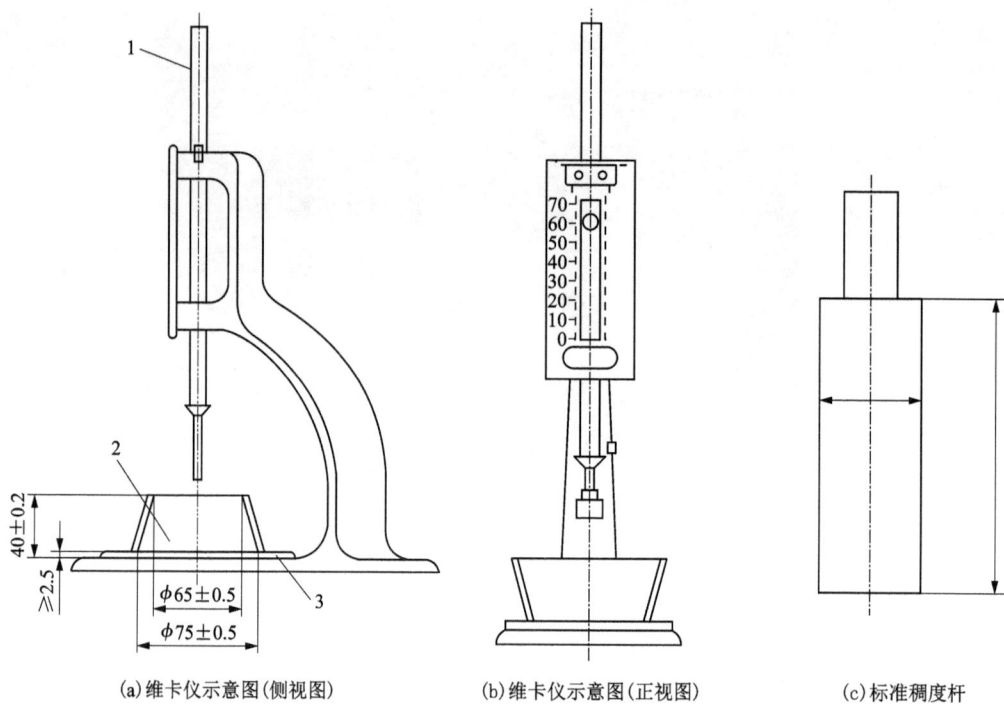

(a)维卡仪示意图(侧视图)   (b)维卡仪示意图(正视图)   (c)标准稠度杆

图 5-2　维卡仪及配件示意图(单位：mm)

图 5-3　维卡仪实物图

搅拌机的锅座上,升至搅拌位置,启动搅拌机,低速搅拌 120 s,停 15 s,同时将叶片和锅壁上的水泥浆刮入锅中间,接着高速搅拌 120 s 后停机。

(3)标准稠度用水量的测定步骤。

拌和结束后,立即将拌制好的水泥净浆装入已置于玻璃底板上的试模中,浆体超过试模上端,用宽约 25 mm 的直边刀轻轻拍打超出试模部分的浆体 5 次以排除浆体中的孔隙,然后在试模上表面约 1/3 处,略倾斜于试模分别向外轻轻锯掉多余净浆,再从试模边沿轻摸顶部一次,使净浆表面光滑。抹平后迅速将试模和底板移到维卡仪上,并将其中心定在试杆下,降低试杆直至与水泥净浆表面接触,拧紧螺丝 1~2 s 后,突然放松,使试杆垂直自由地沉入水泥净浆中。在试杆停止沉入或释放试杆 30 s 时记录试杆距底板之间的距离,升起试杆后,立即擦净;整个操作应在搅拌后 1.5 min 内完成。以试杆沉入净浆并距底板 6 mm±1 mm 的水泥净浆为标准稠度净浆。其拌和水量为该水泥的标准稠度用水量(P),按水泥质量的百分比计,结果精确至 1%。

5.2.3 水泥凝结时间试验

1. 试验目的

测定水泥的凝结时间,判断水泥的质量。

2. 主要仪器及设备

凝结时间测定仪、水泥净浆搅拌机、标准养护箱等。凝结时间测定设备采用维卡仪如图 5-2 所示,测试用针如图 5-4 所示。

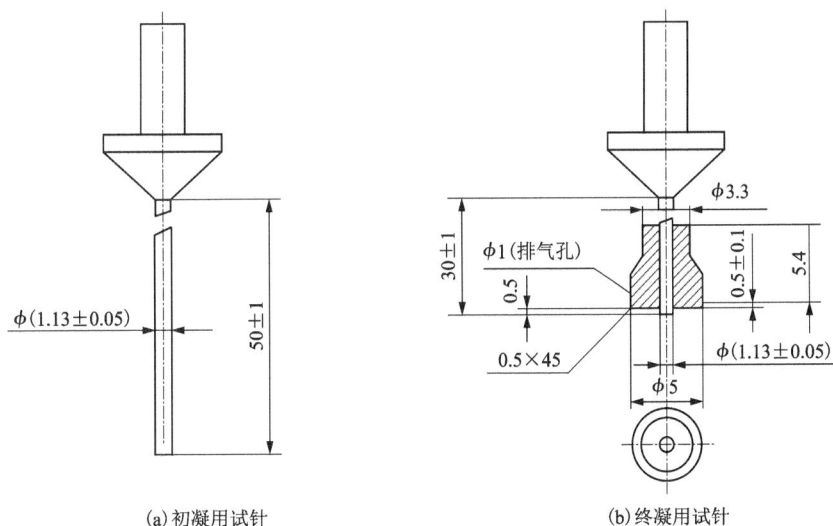

(a)初凝用试针   (b)终凝用试针

图 5-4 凝结时间测试用针(单位:mm)

3. 试验步骤

(1)将圆模放在玻璃板上,在内侧涂上一层机油,调整凝结时间测定仪的试针接触玻璃板时,指针应对准标尺零点。

（2）称取水泥试样 500 g，按标准稠度用水量加水制备标准稠度的水泥净浆，方法同前。将制备好的待测浆体立即一次装入圆模，用手振动数次，刮平，放入标准养护箱内。记录开始加水的时间作为凝结时间的起始时间。

（3）凝结时间的测定。试样在标准养护箱中养护至加水后 30 min 时进行第一次测定。

（4）测定时，从湿养护箱中取出试模放到试针下，降低试针与水泥净浆表面接触。拧紧螺丝 1~2 s 后突然放松，使试针垂直自由地沉入水泥净浆中。观察试针停止沉入或释放试针 30 s 时指针的读数。临近初凝时每隔 5 min（或更短时间）测定一次，当试针沉至距底板（4±1）mm 时，为水泥达到初凝状态。由水泥全部加入水中至初凝状态的时间为水泥的初凝时间。当达到初凝时应立即重复测一次，当两次结论相同时才能定为达到初凝状态。

（5）终凝时间测定时，为了准确观察试针沉入的状况，在终凝针上安装了一个环形附件。在完成初凝时间测定后，立即将试模连同浆体以平移的方式从玻璃板取下，翻转 180°，直径大端向上，小端向下放在玻璃板上，再放入湿气养护箱中继续养护。临近终凝时间时每隔 15 min（或更短时间）测定一次，当试针沉入试件 0.5 mm 时，即环形附件开始不能在试件上留下痕迹时，为水泥达到终凝状态。由水泥全部加入水中至终凝状态的时间为水泥的终凝时间。达到终凝时需要在试体另外两个不同点测试，结论相同时才能确定达到终凝状态。

4. 试验结论

国家标准《通用硅酸盐水泥》（GB 175—2023）规定：硅酸盐水泥的初凝时间不得小于 45 min，终凝时间不得大于 390 min。根据国家标准评定水泥凝结时间是否合格。

在最初测定的操作时应轻轻扶持金属柱，使其徐徐下降，以防止试针撞弯，但结果以自由下落为准；在整个测试过程中试针沉入的位置至少要距试模内壁 10 mm。每次测定不能让试针落入原针孔，每次测定完毕须将试针擦净并将试模放回湿气养护箱内，整个测试过程要防止试模振动。

5.2.4　水泥体积安定性检验

1. 试验目的

检验水泥浆体在硬化时体积变化的均匀性，以决定水泥的品质。试验方法为沸煮法，用以检验游离氧化钙造成的体积安定性不良。沸煮法又分试饼法和雷氏法，当两者发生争议时，以雷氏法为准。

2. 主要仪器及设备

雷氏夹膨胀值测定仪，标尺最小刻度为 0.5 mm；雷氏夹、沸煮箱、水泥净浆搅拌机、标准养护箱、天平、量水器等。雷式夹示意图如图 5-5 所示。

3. 试验步骤

（1）测定前的准备工作。

若采用雷氏法时每个雷氏夹需配备两个边长或直径约 80 mm、厚度为 4~5 mm 的玻璃板，若采用试饼法时每个样品需准备两块约 100 mm×100 mm 的玻璃板，每种方法每个试样需成型两个试件。凡与水泥净浆接触的玻璃板和雷氏夹表面都要涂上一薄层脱模油。

（2）水泥标准稠度净浆的制备。

称取 500 g（精确至 1 g）水泥，以标准稠度用水量，用水泥净浆搅拌机搅拌制备标准稠度水泥净浆，方法同前。

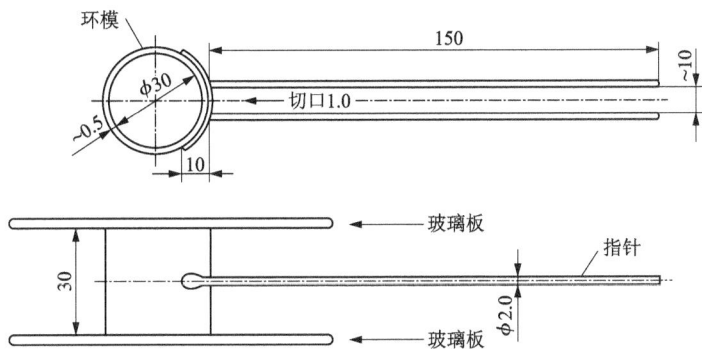

(a)雷氏夹结构示意图(单位：mm)

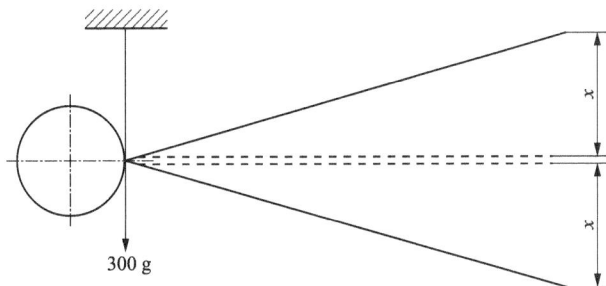

(b)雷氏夹受力示意图

图 5-5 雷氏夹示意图

（3）成型方法。

①雷氏夹试件的制备方法。

将预先准备好的雷氏夹放在已稍擦油的玻璃板上，并立刻将已制好的标准稠度净浆装满试模。装模时一只手轻轻扶持试模，另一只手用宽约 25 mm 直边小刀在浆体表面轻轻插捣 3 次，然后抹平，盖上稍涂油的玻璃板，接着立刻将试模移至湿汽养护箱内养护 24 h±2 h。

②试饼的成型方法。

将制好的标准稠度净浆取出一部分分成两等份，使之成球形，放在预先准备好的玻璃板上，轻轻振动玻璃板并用湿布擦净的小刀由边缘向中央抹动，做成直径为 70~80 mm、中心厚约 10 mm、边缘渐薄、表面光滑的试饼，接着将试饼放入湿汽养护箱内养护 24 h±2 h。

（4）沸煮箱准备。

调整好沸煮箱内的水位，使之在整个沸煮过程中都能没过试件，无须中途添补试验用水，同时又能保证在 30 min±5 min 内升至沸腾。

（5）试件的检验与沸煮。

将标准养护后的试件脱去玻璃板取下试件。先检查试饼是否完整(如已开裂、翘曲，要检查原因，确定无外因时，该试饼已属不合格品，不必沸煮)，在试饼无缺陷的情况下，用雷氏法测定时，先测量雷氏夹指针间的距离(A)，精确到 0.5 mm，接着将试件放入沸煮箱中的试件架上，指针朝上，试件之间互不交叉，然后在 30 min±5 min 内加热至沸腾并恒沸 180 min±5 min。

当采用试饼法时，在试饼无缺陷的情况下，将试饼放在沸煮箱的水中箅板上，然后在 30 min±5 min 内加热至水沸腾，并恒沸 180 min±5 min。

煮沸结束后，立即放掉沸煮箱中的热水，打开箱盖，待箱体冷却至室温，取出试件进行判别。

4.试验结果

（1）雷氏夹法。

测量试件指针尖端间的距离（C），精确至 0.5 mm。当两个试件煮后增加距离（$C-A$）的平均值不大于 5.0 mm 时，即认为该水泥安定性合格；当两个试件煮后增加距离（$C-A$）的平均值大于 5.0 mm 时，应用同一样品重做一次试验，以复查结果为准。

（2）试饼法。

目测试饼未发现裂缝，用直尺检查也没有弯曲（使钢直尺和试饼底部紧靠，以两者间不透光为不弯曲）的试饼为安定性合格，反之为不合格。当两个试饼判别结果有矛盾时，该水泥的安定性为不合格。

5.试验结论

结合上述试验结果和相关国家标准评定水泥安定性是否合格。

5.2.5　水泥胶砂流动度测定方法

1.试验目的

通过检验不同配比胶砂流动的扩展度，评价砂浆的流动性能。

2.主要仪器及设备

水泥胶砂流动度测定仪（简称跳桌，如图 5-6 所示）、胶砂搅拌机、试模、捣棒、卡尺、小刀、秒表等。

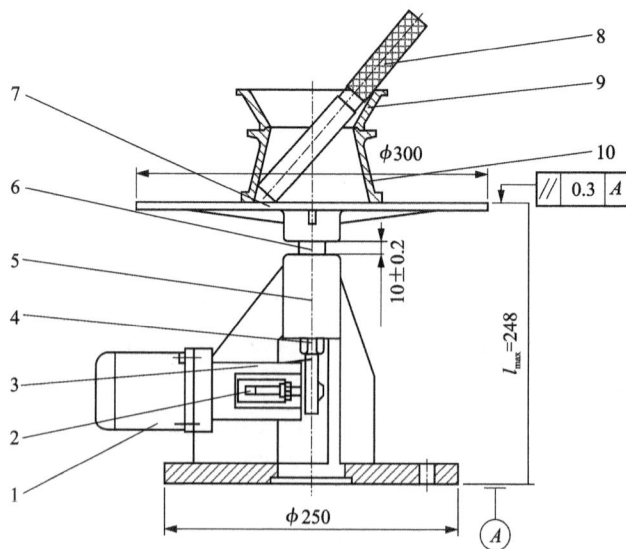

1—电机；2—接近开关；3—凸轮；4—滑轮；5—机架；
6—推杆；7—圆盘桌面；8—捣棒；9—模套；10—截锥圆模。

图 5-6　水泥胶砂流动度测定仪（单位：mm）

3. 试验准备

(1)材料制备。

胶砂材料用量按相应标准要求或试验设计确定。水泥试样、标准砂和试验水及试验条件应符合《公路工程水泥及水泥混凝土试验规程》(JTG 3420—2020)T 0506 的规定。

(2)胶砂制备。

应按《公路工程水泥及水泥混凝土试验规程》(JTG 3420—2020)T 0506 中的有关规定进行制备。

4. 试验步骤

(1)如跳桌在 24 h 内未被使用,先空跳一个周期 25 次。

(2)在制备胶砂的同时,用潮湿棉布擦拭跳桌台面、试模内壁、捣棒以及与胶砂接触的用具,将试模放在跳桌台面中央并用潮湿棉布覆盖。

(3)将拌好的胶砂分两层迅速装入流动试模,第一层装至截锥圆模高度约 2/3 处,用小刀在相互垂直的两个方向上各划 5 次,用捣棒由边缘至中心均匀捣压 15 次,之后装第二层胶砂,装至高出截锥圆模约 20 mm,用小刀划 10 次,再用捣棒由边缘至中心均匀捣压 10 次。捣压力量应恰好足以使胶砂充满截锥圆模。捣压深度,第一层捣至胶砂高度的 1/2,第二层捣实不超过已捣实底层表面。装胶砂和捣压时,用手扶稳试模,不要使其移动。

(4)捣压完毕,取下模套,用小刀由中间向边缘分两次将高出截锥圆模的胶砂刮去并抹平,擦去落在桌面上的胶砂。将截锥圆模垂直向上轻轻提起,立刻开动跳桌,每秒钟一次,在 25 s±1 s 内完成 25 次跳动。

5. 试验结果

跳动完毕,用卡尺测量胶砂底面最大扩散直径及与其垂直方向的直径,计算平均值,精确至 1 mm,即该水量的水泥胶砂流动度。流动度试验,从胶砂拌和开始到测量扩展直径结束,须在 6 min 内完成。

电动跳桌与手动跳桌测定的试验结果发生争议时,以电动跳桌为准。

6. 试验结论

结合试验结果和相关国家规定对胶砂流动度进行评价。

5.2.6 水泥胶砂强度检验

1. 试验目的

检验水泥的强度,确定水泥的强度等级。

2. 主要仪器及设备

水泥胶砂搅拌机(符合 JC/T 681—2022 要求)、水泥胶砂成型振实台(符合 JC/T 682—2022 要求)、试模及下料漏斗、抗折试验机和抗折夹具、抗压试验机和抗压夹具、三角刮刀、天平等,试验用主要设备如图 5-7 所示。

3. 试验方法与步骤

(1)试件制备。

①成型前将试模擦净,四周的模板与底座的接触面上应涂黄油,紧密装配,防止漏浆,内壁均匀地刷一薄层机油。

②水泥与标准砂的质量比为 1∶3,水灰比为 0.5。火山灰质硅酸盐水泥、粉煤灰硅酸盐

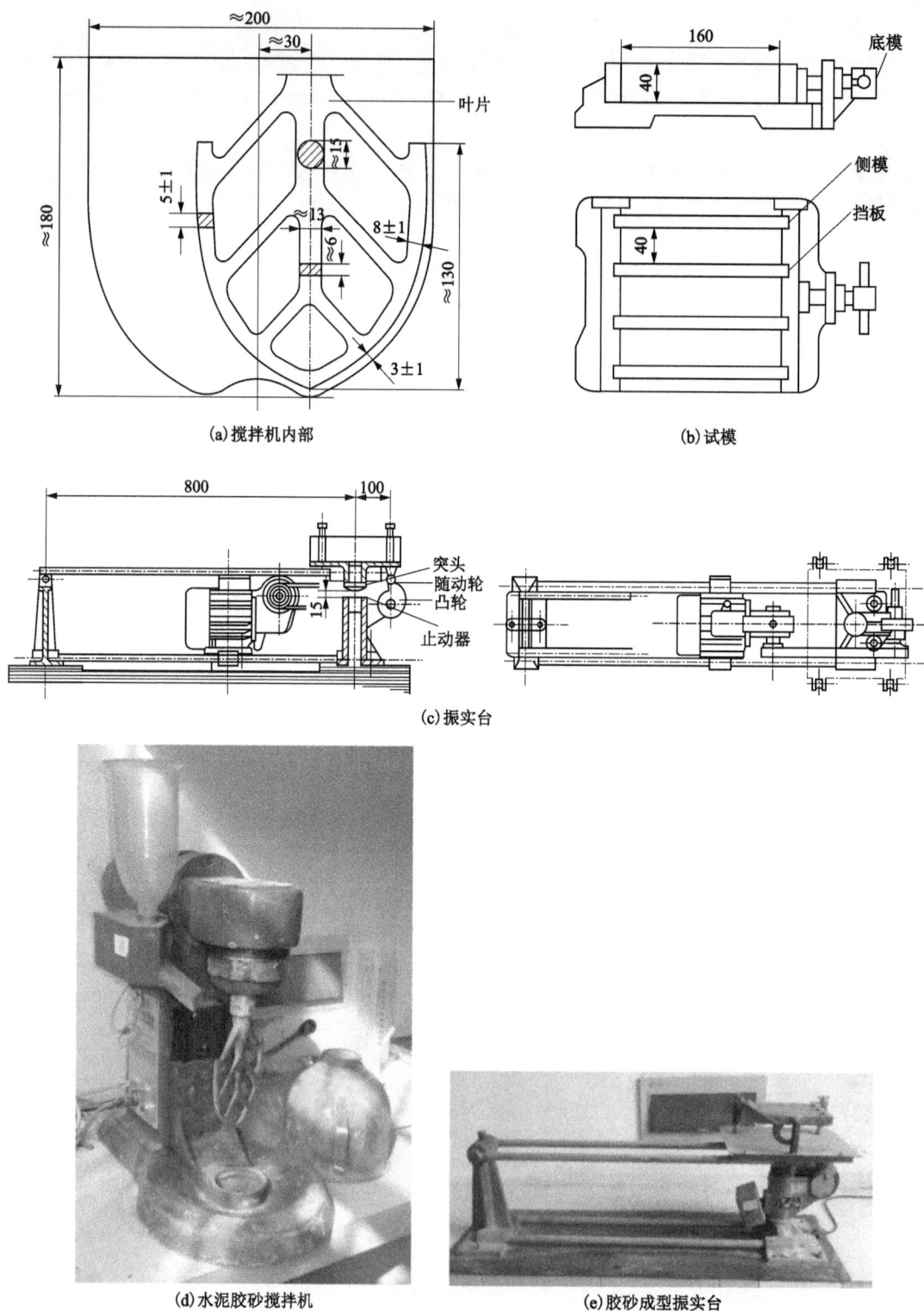

(a)搅拌机内部

(b)试模

(c)振实台

(d)水泥胶砂搅拌机

(e)胶砂成型振实台

图 5-7 胶砂试验设备(单位：mm)

水泥、复合硅酸盐水泥和掺火山灰质混合材料的流动度小于 180 mm 时，应以 0.01 整倍数递增的方法将水灰比调整至胶砂流动度不小于 180 mm 为止。

③每成型 3 条试件需称量的材料及用量为：水泥 450 g±2 g，标准砂 1350 g±5 g，水 225 mL±1 mL。

④将水加入锅中，再加入水泥，把锅放在固定架上。然后立即开动机器，低速搅拌 30 s 后，在第二个 30 s 开始的同时均匀将砂子加入，机器再高速搅拌 30 s。停拌 90 s，在第一个 15 s 内用胶皮刮具将叶片和锅壁上的胶砂刮入锅中。在高速下继续搅拌 60 s。在各个阶段时间误差应在±1 s 内。

⑤用振动台时，将空试模和模套固定在振动台上，用适当的勺子直接从搅拌锅中将胶砂分为两层装入试模。装第一层时，每个槽里约放 300 g 砂浆，用大播料器垂直架在模套顶部，沿每个模槽来回一次，将料层播平，接着振实 60 次。再装入第二层胶砂，用小播料器播平，再振实 60 次。移走模套，并用刮尺以 90°的角度架在试模顶的一端，沿试模长度方向以横向锯割动作慢慢向另一端移动，一次将超出试模的胶砂刮去。并用同一直尺将试件表面抹平。

⑥在试模上做标记或加字条表明试件的编号和试件相对于振动台的位置。

（2）试件的养护。

①编号后，将试模放入养护箱养护。对于 24 h 龄期的，应在破型试验前 20 min 内脱模。对于 24 h 以上龄期的，应在成型后 20~24 h 内脱模。

②试件脱模后立即放入水槽中养护，试件之间间隙或试件上表面的水深不得小于 5 mm。

③除 24 h 龄期或延迟 48 h 脱模的试件外，任何到龄期的试件应在试验（破型）前 15 min 从水中取出。抹去试件表面沉淀物，并用湿布覆盖。

4. 强度试验

（1）龄期。

胶砂强度测试试件的龄期分为 3 d 和 28 d，根据各龄期的抗折强度和抗压强度试验结果评定水泥的强度等级。

（2）抗折试验。

每龄期取出 3 条试件先做抗折强度试验。试验前擦去试件表面的水分和砂粒，清除夹具上的杂物，试件放入抗折夹具内，应使侧面与圆柱接触。试件放入前应使杠杆成水平状态。试件放入后调整夹具，使杠杆在试件折断时尽可能地接近水平位置。抗折试验加荷速度为 50 N/s±10 N/s。

（3）抗折强度计算见式（5-2）。

抗折强度计算：

$$R_f = \frac{1.5 F_f L}{b^3} \tag{5-2}$$

式中：R_f——抗折强度（MPa）；

    F_f——破坏荷载（N）；

    L——支撑圆柱中心距（mm）；

    b——试件断面正方形的边长，为 40 mm。

（4）抗压试验。

抗折试验后的两个断块应立即进行抗压试验。抗压试验须用抗压夹具进行，试件受压面为试件成型时的两个侧面,尺寸为 40 mm×40 mm。试验前应清除试件受压面与加压板间的砂粒或杂物。试验时以试件的侧面作为受压面,试件的底面靠紧夹具定位销,并使夹具对准压力机压板中心。

压力机加荷速度应控制在 2400 N/s±200 N/s 速率范围内,在接近破坏时更应严格掌握。

抗压强度按式(5-3)计算:

$$R_c = \frac{F_c}{A} \qquad (5-3)$$

式中:R_c——抗压强度(MPa);

F_c——破坏荷载(N);

A——受压面积(mm^2),尺寸为 40 mm×40 mm。

5. 试验结果

(1)抗折强度:取 3 块试件抗折强度测定值的算术平均值,结果精确至 0.1 MPa。当 3 个强度值中有超过平均值±10%的值时,应剔除后再平均,以平均值作为抗折强度试验结果。

(2)抗压强度:取 6 个抗压强度测定值的算术平均值,结果精确至 0.1 MPa。如果 6 个强度值中有 1 个值超过平均值±10%,应剔除后再平均,以平均值作为抗压强度试验结果。如果 5 个值中再有超过平均值±10%的,则此组试件无效。

6. 试验结论

根据相应规范要求和所测抗折强度和抗压强度试验结果,评定水泥强度等级。

5.3 混凝土基本性能试验

试验要求:

(1)试验用原材料应提前运入室内,拌和混凝土时试验室温度应保持在(20±5)℃。

(2)砂石骨料用量以饱和面干状态或干燥状态为基准。

(3)试验室拌制混凝土时,材料用量以质量计,量程的精确度:骨料为±1%,水、水泥和外加剂为±0.5%。

(4)混凝土部分的有关试验应根据混凝土配合比设计的内容,结合工程实例进行,即按设计好的混凝土配合比进行混凝土的性能试验。

(5)本方法适用于测定集料最大粒径不大于 40 mm、坍落度不小于 10 mm 的混凝土拌和物稠度测定。

5.3.1 混凝土拌制及和易性测试

1. 试验目的

通过测定拌和物流动性,观察其黏聚性和保水性,综合评定混凝土的和易性,作为调整配合比和控制混凝土质量的依据。

2. 主要仪器设备

强制式搅拌机,如图 5-8 所示;振动台、磅秤(最大量程不小于 50 kg,感量不大于 5 g);天平(最大量程不小于 2 kg,感量不大于 1 g);标准坍落筒(铁板制成的截头圆锥筒,底部内径 200 mm,顶部内径 100 mm,高 300 mm,壁厚不小于 1.5 mm),如图 5-9 所示;捣棒

（φ16 mm×600 mm）；铁板、铁铲、钢尺、木尺、小铲、抹刀等。

图 5-8　混凝土搅拌机

图 5-9　混凝土坍落度测试筒装置

3.材料称量

称量精度要求：集料为±1%，水泥、水为±0.5%。配制用料与工程实际用料相符，同时满足技术标准。拌和时，环境温度宜处于20℃±5℃。根据所设计的计算配合比，称所要求拌和体积混凝土拌和物所需各材料用量。

4.测定步骤

（1）混凝土拌和

①人工拌和法。

采用人工拌和时，先用湿布将铁板、铁铲润湿，再将称好的砂和水泥在铁板上拌匀，加入粗集料，再混和搅拌均匀。而后将此拌和物堆成长堆，中心扒成长槽，将称好的水倒入约一半，将其与拌和物仔细拌匀，再将材料堆成长堆，扒成长槽，倒入剩余的水，继续进行拌和，来回翻拌至少10遍。

②机械搅拌法。

用拌和机拌和时，拌和量宜为搅拌机最大容量的1/4~3/4。按规定称好原材料，往搅拌机内依次加入粗集料、细集料、水泥。开动搅拌机，将材料拌和均匀，在拌和过程中徐徐加水，全部加料时间不宜超过2 min。水全部加入后，继续拌和约2 min，而后将拌和物倒在铁板上，再经人工翻拌1~2 min，务必使拌和物均匀一致。

（2）和易性测试

①试验前将坍落筒内外洗净，放在经水润湿过的平板上（平板吸水时应垫塑料布），并踏紧脚踏板。

②将代表样分三层装入筒内，每层装入高度稍大于筒高的1/3，用捣棒在每一层的横截面上均匀插捣25次。插捣在全部面积上进行，沿螺旋线由边缘至中心，插捣底层时插至底部，插捣其他两层时，应插透本层并插入下层20~30 mm，插捣须垂直压下（边缘部分除外），不得冲击。在插捣顶层时，装入的混凝土高出坍落筒，随插捣过程随时添加拌和物，当顶层插捣完毕后，将捣棒用锯和滚的动作，清除多余的混凝土，用抹刀抹平筒口，刮净筒底周围的拌和物，而后立即垂直地提起坍落筒，提筒宜控制在3~7 s内完成，并使混凝土不受横向及扭力作用。从开始装料到提出坍落筒整个过程应在150 s内完成。

③将坍落筒放在椎体混凝土试样一旁,筒顶平放木尺,用钢尺量出木尺底面至试样顶面最高点的垂直距离,即该混凝土拌和物的坍落度,精确至 1 mm。

④保水性目测。坍落度筒提起后,如有较多稀浆从底部析出,试体则因失浆使集料外露,表示该混凝土拌和物保水性能不好。若无此现象,或仅只少量稀浆自底部析出,而锥体部分混凝土试体含浆饱满,则表示保水性良好,并作记录。

⑤黏聚性目测。用捣棒在已坍落的混凝土锥体一侧轻轻敲打,锥体渐渐下沉表示黏聚性良好;反之,锥体突然倒塌,部分崩裂或发生石子离析现象,表示黏聚性不好,并作记录。

⑥和易性调整。按计算备料的同时,另外还需要备好两份为调整坍落度所需的材料量,该数量应是计算试拌材料用量的 5% 或 10%。

若测得的坍落度值小于施工要求的坍落度值,可在保持水灰比 W/C 不变的同时,增加 5% 或 10% 水泥和水的用量。若测得的坍落度值大于施工要求坍落度值,可在保持砂率 S_p 不变的同时,增加 5% 或 10%(或更多)的砂、石用量。若黏聚性保水性不好,则需要适当调整砂率,并尽快拌和均匀,重新测定,直到和易性符合要求为止。混凝土坍落度测试示意如图 5-10 所示。

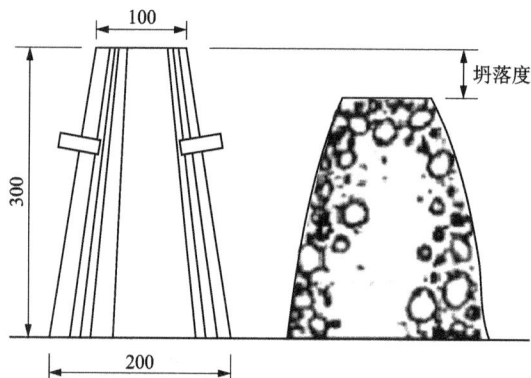

图 5-10　混凝土坍落度测试示意图(单位:mm)

5.测定结果

(1)混凝土拌和物坍落度以毫米为单位,测量值精确至 1 mm,结果修约至 5 mm。

(2)混凝土拌和物和易性评定,应按试验测定值和试验目测情况综合评议。其中坍落度至少要测定两次,并以两次测定值之差不大于 20 mm 的测定值为依据,求算术平均值作为本次试验的测定结果。

(3)记录下调整前后拌和物的坍落度、保水性、黏聚性以及各材料实际用量,并以和易性符合要求后的各材料用量为依据,对混凝土配合比进行调整,求基准配合比。

5.3.2　混凝土拌和物体积密度试验

1.试验目的

测定拌和物捣实后单位体积的质量,作为调整混凝土配合比的依据。

2.主要仪器设备

容量筒、电子天平(最大量程不小于 50 kg,感量不大于 10 g)、弹头形捣棒 ϕ16 mm×600 mm、振动台、金属直尺、抹刀、玻璃板等。

3. 试样准备

从满足混凝土和易性要求的拌和物中取样，及时连续试验。

4. 容量筒标定

(1) 应将干净容量筒与玻璃板一起称重，精确至 10 g。

(2) 将容量筒装满水，缓慢将玻璃板从筒口一侧推到另一侧，容量筒内应充满水，且不应存在气泡，擦干容量筒外壁，再次称重。

(3) 两次称重结果之差除以该温度下水的密度，则为容量筒的容积 V，常温下水的密度可取 1000 kg/m³。

5. 试验步骤

(1) 试验前将已明确体积的容量筒用湿布擦拭干净，称出质量 m_1，精确至 10 g。

(2) 将拌和物一次装入容量筒，稍加插捣，并稍高于筒口，再移至振动台上振实至拌和物表面出现水泥浆为止。

(3) 将筒口多余的混凝土拌和物刮去，表面有凹陷应填补，用抹刀抹平，并用玻璃板检验；应将容量筒外壁擦净，称出混凝土拌和物试样与容量筒总质量 m_2，精确至 10 g。

6. 测定结果

(1) 混凝土拌和物的体积密度，按式 (5-4) 计算：

$$\rho_h = \frac{m_2 - m_1}{V} \times 1000 \tag{5-4}$$

式中：ρ_h——混凝土拌和物体积密度 (kg/m³)；

m_1——容量筒质量 (kg)；

m_2——捣实或振实后混凝土和容量筒总质量 (kg)；

V——容量筒容积 (L)。

计算结果精确至 10 kg/m³。

(2) 以两次试验测值的算术平均值作为试验结果，结果精确至 10 kg/m³，试样不得重复使用。

5.3.3 混凝土拌和物含气量测定试验

1. 试验目的

测定拌和物含气量，作为调整混凝土配合比的依据。

2. 主要仪器设备

水平仪、混凝土含气量测定仪 (图 5-11)、小铲、抹刀、橡胶锤、抹布等。

3. 试样准备

从满足混凝土和易性要求的拌和物中取样，及时连续试验。

4. 测定步骤

(1) 应用湿布擦净混凝土含气量测定仪容器内壁和盖的内表面，确保筒内无明水。

(2) 当坍落度不大于 90 mm 时，混凝土拌和物宜用振动台振实；振动台振实时，应一次性将混凝土拌和物装填至高出容量筒筒口，振动过程中混凝土低于筒口，应随时添加混凝土，振动直至拌和物表面出现水泥浆为止。

(3) 当坍落度大于 90 mm 时，混凝土拌和物宜用捣棒插捣密实。插捣时，混凝土拌和物应分3层装入，每层捣实后高度约为1/3容器高度，每层装料后用捣棒从边缘到中心沿螺旋形均匀插捣25次，捣棒应插透本层至下一层的表面；每一层捣完后用橡皮锤沿量筒外壁敲击5~10次，进行振实，直至混凝土拌和物表面插捣孔消失并不见大气泡为止。

（4）刮去表面多余的混凝土拌和物，用抹刀抹平，表面有凹陷应填平抹光。

（5）擦净钵体和钵盖边缘，将密封圈放于钵体边缘的凹槽内，盖上钵盖，用夹子夹紧，使之气密良好。

（6）关闭微调阀和排气阀，打开排水阀和加水阀，通过加水阀向容器内注入水；当排水阀流出的水流中不出现气泡时，在注水的状态下，关闭加水阀和排气阀。

（7）关闭排气阀，用气泵向气室内注入空气，打开微调阀，使气室内的压力略大于0.1 MPa，待压力表显示值稳定后，打开排气阀，并用微调阀调整压力至0.1 MPa，同时关闭排气阀。

（8）开启微调阀，使气室里的压缩空气进入容器，待压力表显示稳定后记录显示值，然后开启排气阀，压力仪表应归零。根据含气量与压力值之间的关系曲线确定压力值对应的集料的含气量，精确至0.1%。

（9）混凝土拌和物的含气量，以两次测量结果的平均值作为试验结果，两次测量结果的含气量相差大于0.5%时，应重新试验。

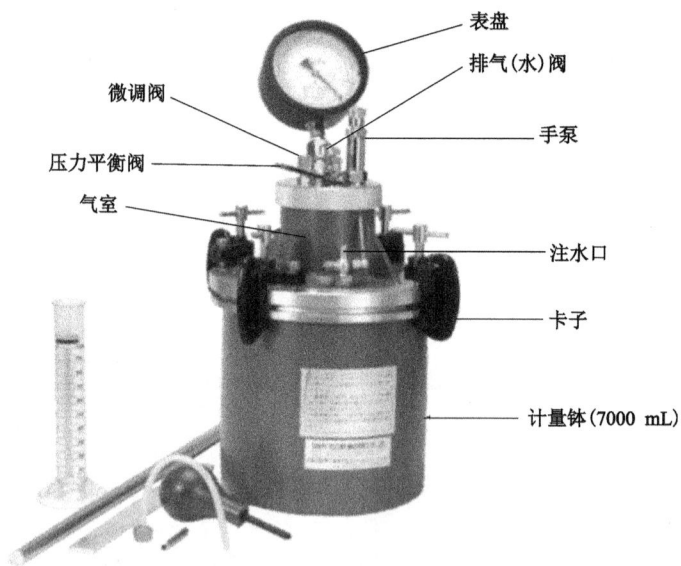

图5-11 混凝土含气量测定仪

5.4 混凝土力学强度试验

试验要求：

（1）试验用原材料应提前运入室内，拌和混凝土时试验室温度应保持在（20±5）℃。

（2）混凝土养护室温度保持在（20±2）℃，相对湿度大于95%。

5.4.1 混凝土抗压强度试验

1. 试验目的

测定混凝土立方体抗压强度，作为确定混凝土强度等级和调整配合比的依据。

2. 主要仪器设备

（1）压力机或万能试验机。其测量精度为±1%，试验时由试件最大荷载选择压力机量程，使试件破坏时的荷载位于全量程的20%~80%，压力试验机如图5-12所示。

（2）其他设备：钢垫板、试模、标准养护箱（室）、振动台、捣棒、小铁铲、金属直尺、镘刀等，混凝土成型用试模如图5-13所示。

图5-12　压力试验机

图5-13　混凝土成型用试模

3. 试件制备

（1）选择同规格的试模3个组成一组（一般采用150 mm×150 mm×150 mm立方体，或者100 mm×100 mm×100 mm的三联模）。将试模拧紧螺栓并清刷干净，内壁涂薄层矿物油，编号待用。

（2）试模内装的混凝土应是同一次拌和的拌和物。坍落度不大于90 mm的混凝土，试件成型宜采用振动台振实；坍落度大于90 mm的混凝土，试件成型宜采用捣棒人工捣实。

（3）振动台成型试件。将拌和物一次装入试模并稍高出模口，用镘刀沿试模内壁略加插捣后，移至振动台上，开动振动台，振动至表面呈现水泥浆为止，刮去多余拌和物并用镘刀沿模口抹平。

（4）人工捣棒捣实成型试件。将拌和物分两层装入试模，每层厚度大致相等。沿螺旋方向从边缘向中心均匀进行插捣。插捣底层时，捣棒应贯穿整个深度；插捣上层时，捣棒应插入下层深度 20~30 mm。插捣时捣棒应保持垂直不得倾斜，并用抹刀沿试模内壁插入数次，以防止试件产生麻面，然后刮去多余拌和物，并用镘刀抹平。混凝土拌和物拌制后宜在 15 min 内成型。

(5)试件成型后，用湿布覆盖表面(或其他保持湿度办法)，在室温 20℃±5℃、相对湿度大于 50%的情况下，静放 1~2 个昼夜，然后拆模并做第一次外观检查、编号。对有缺陷的试件应除去，或加工补平。

(6)将完好试件放入标准养护室进行养护，标准养护室温度为 20℃±2℃，相对湿度在 95%以上，试件宜放在铁架或木架上，间距至少 10~20 mm。试件表面应保持一层水膜，并避免用水直接冲淋。当无标准养护室时，将试件放入温度 20℃±2℃的饱和氢氧化钙溶液中养护。

4. 测定步骤

(1)至试验龄期时，自养护室取出试件，应尽快试验，避免其湿度变化。

(2)取出试件，检查其尺寸及形状，相对两面应平行。量出棱边长度，精确至 1 mm。试件受力截面积按其与压力机上下接触面的平均值计算。在破型前，保持试件原有湿度，在试验时擦干试件。

(3)以成型时侧面为上下受压面，试件中心应与压力机几何对中。

(4)混凝土强度等级小于 C30 时取 0.3~0.5 MPa/s 的加荷速度；混凝土强度等级大于或等于 C30 小于 C60 时，取 0.5~0.8 MPa/s 的加荷速度；混凝土强度等级大于或等于 C60 时，取 0.8~1.0 MPa/s 的加荷速度。当试件接近破坏而开始迅速变形时，应停止调整试验机油门，直至试件破坏，记下破坏极限荷载。

5. 测定结果

试件的抗压强度按式(5-5)计算：

$$f_{cu} = \frac{F}{A} \tag{5-5}$$

式中：f_{cu}——混凝土立方体抗压强度(MPa)；

F——极限荷载(N)；

A——受压面积(mm^2)。

以 3 个试件测量值的算术平均值为测定值，结果精确至 0.1 MPa。三个试件测量值的最大值或最小值中如有一个与中间值之差超过中间值的 15%，则取中间值为测定值；如最大值和最小值与中间值的差值均超过中间值的 15%，则该组试验结果无效。

抗压强度试验的标准立方体尺寸为 150 mm×150 mm×150 mm，用其他尺寸试件测得的抗压强度值均应乘以相应换算系数。

5.4.2 混凝土劈裂抗拉强度试验

1. 试验目的

间接测定混凝土的抗拉性能，作为确定混凝土强度等级和调整配合比的依据。

2. 主要仪器设备

(1)压力机或万能试验机。其测量精度为±1%，试验时由试件最大荷载选择压力机量程，使试件破坏时的荷载位于全量程的 20%~80%。

（2）其他设备：劈裂钢垫条、试模、标准养护箱（室）、振动台、捣棒、小铁铲、金属直尺、镘刀等，其中钢垫条及支架示意图如图5-14、图5-15所示。

采用150 mm×150 mm×150 mm立方体标准试件，制作和养护方法同混凝土抗压强度试件。

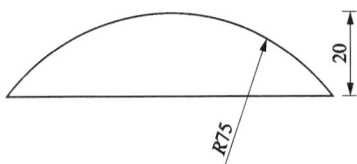

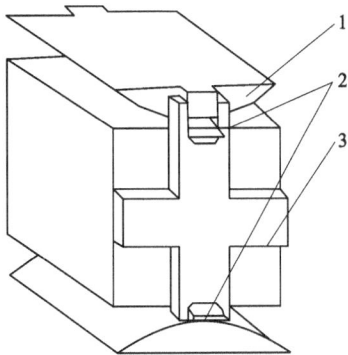

1—上压板（钢垫条）；2—固定夹具；3—下压板（钢垫条）。

图5-14 钢垫条（单位：mm） **图5-15 支架示意图**

3.试验步骤

（1）至试验龄期时，从标准养护室取出试件，用湿布覆盖，避免其湿度变化。检查外观，在试件中部划出劈裂面位置线，劈裂面与试件成型时的顶面垂直，尺寸测量精确至1 mm。

（2）试件放在球座上，几何对中，放妥垫层垫条，其方向与试件成型时顶面垂直。

（3）当混凝土的强度等级小于C30时，加荷速度为0.02~0.05 MPa/s；当混凝土的强度等级大于或等于C30且小于C60时，加荷速度为0.05~0.08 MPa/s；当混凝土的强度等级大于或等于C60时，加荷速度为0.08~0.10 MPa/s。当试件接近破坏而开始迅速变形时，不得调整试验机油门，直至试件破坏，记下破坏极限荷载。

4.结果计算

混凝土立方体劈裂抗拉强度按式（5-6）计算：

$$f_{ts} = 0.637 \frac{F}{A} \tag{5-6}$$

式中：f_{ts}——混凝土立方体劈裂抗拉强度（MPa）；

F——极限荷载（N）；

A——试件劈裂面面积（mm²），为试件横截面面积。

计算结果精确至0.01 MPa。

以3个试件测量值的算术平均值为测定值，结果精确至0.01 MPa。3个试件测量值的最大值或最小值中如有一个与中间值之差超过中间值的15%，则取中间值为测定值；如最大值和最小值与中间值的差值均超过中间值的15%，则该组试验结果无效。

5.4.3 混凝土弯拉强度试验

1.试验目的

测定混凝土的弯拉性能，作为确定混凝土强度等级和调整配合比的依据。

2. 主要仪器设备

(1)压力机或万能试验机。其测量精度为±1%，试验时由试件最大荷载选择压力机量程，使试件破坏时的荷载位于全量程的20%~80%。

(2)弯拉试验装置，如图5-16所示。

(3)其他设备：钢垫板、试模、标准养护室、振动台、捣棒、小铁铲、金属直尺、馒刀等。

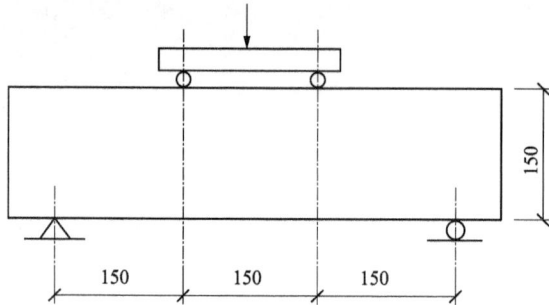

图5-16 混凝土弯拉试验装置(单位：mm)

3. 试件制备

(1)采用150 mm×150 mm×550 mm的棱柱体标准试件，同时在试件长向中部1/3区段内表面不得有直径超过5 mm、深度超过2 mm的孔洞。

(2)混凝土弯拉强度试件应以同龄期者为1组，每组为3根同条件制作和养护的试件。

4. 试验步骤

(1)试件取出后，用湿毛巾覆盖并及时进行试验，保持试件干湿状态不变。在试件中部量出其宽度和高度，精确至1 mm。

(2)调整两个可移动支座，将试件安放在支座上，试件成型时的侧面朝上，几何对中后，应使支座及承压面与活动船形垫块的接触面平稳、均匀，否则应垫平。

(3)加荷时，应保持均匀、连续。当混凝土的强度等级小于C30时，加荷速度为0.02~0.05 MPa/s；当混凝土的强度等级大于或等于C30且小于C60时，加荷速度为0.05~0.08 MPa/s；当混凝土的强度等级大于或等于C60时，加荷速度为0.08~0.10 MPa/s。当试件接近破坏而开始迅速变形时，不得调整试验机油门，直至试件破坏，记下破坏极限荷载。

(4)记录下最大荷载和试件下边断裂的位置。

5. 测定结果

(1)当断面发生在两个加荷点之间时试件的弯拉强度，按式(5-7)计算：

$$f_f = \frac{Fl}{bh^2} \tag{5-7}$$

式中：f_f——试件的弯拉强度(MPa)；

  F——极限荷载(N)；

  l——支座间距离(mm)；

  b——试件宽度(mm)；

  h——试件高度(mm)。

计算结果精确至 0.01 MPa。

（2）当采用 100 mm×100 mm×400 mm 的非标准试件时，应乘以 0.85 的尺寸换算系数。

（3）以 3 个试件测量值的算术平均值为测定值，异常数据的取舍与劈裂抗拉强度试验相同。

（4）3 个试件中如有一个断裂面位于加荷点外侧，则混凝土弯拉强度按另外两个试件的试验结果计算。

5.5 混凝土配合比设计试验

1. 试验目的

了解混凝土配合比设计的方法，培养综合设计试验能力；熟悉混凝土拌和物的和易性和混凝土强度试验方法。

根据提供的工程条件和原材料，结合试验设计出符合工程要求的混凝土配合比。

2. 适用范围

工业与民用建筑、一般构筑物以及道路工程所采用的普通混凝土配合比设计，混凝土干表观密度为 2000~2800 kg/m³。

3. 基本原则

（1）混凝土配合比设计应采用工程实际使用的原材料，并应满足国家现行标准的有关要求；配合比设计应以干燥状态骨料为基准，细骨料含水率应小于 0.5%，粗骨料含水率应小于 0.2%。

（2）最大水胶比。

混凝土的最大水胶比应符合《混凝土结构设计标准》（GB 50010—2010）的规定。

《混凝土结构设计标准》（GB 50010—2010）对不同环境条件的混凝土最大水胶比做了规定，如表 5-3、表 5-4 所示。

表 5-3 混凝土结构环境类别

环境类别		条 件
一		室内干燥环境；无侵蚀性静水浸没环境
二	a	室内潮湿环境；非严寒和非寒冷地区的露天环境；非严寒和非寒冷地区与无侵蚀性的水或土壤直接接触的环境；严寒和寒冷地区的冰冻线以下与无侵蚀性的水或土壤直接接触的环境
	b	干湿交替环境；水位频繁变动环境；严寒和寒冷地区的露天环境；严寒和寒冷地区冰冻线以上与无侵蚀性的水或土壤直接接触的环境
三	a	严寒和寒冷地区冬季水位变动区环境；受除冰盐影响环境；海风环境
	b	盐渍土环境；受除冰盐作用环境；海岸环境
四		海水环境
五		受人为或自然的侵蚀性物质影响的环境

表 5-4　混凝土最大水灰比要求

环境类别	一	二 a	二 b	三 a	三 b
最大水灰比	0.60	0.55	0.50(0.55)	0.45(0.50)	0.40

（3）混凝土的最小胶凝材料用量应符合表 5-5 的规定，C15 及其以下强度等级的混凝土，可不受表 5-5 的限制。

表 5-5　混凝土最小胶凝材料用量

最大水灰比	最小胶凝材料用量/(kg·m⁻³)		
	素混凝土	钢筋混凝土	预应力混凝土
0.60	250	280	300
0.55	280	300	300
0.50	320		
≤0.45	330		

（4）矿物掺合料在混凝土中的掺量应通过试验确定。钢筋混凝土中矿物掺合料最大掺量宜符合表 5-6 的规定。

表 5-6　钢筋混凝土中矿物掺和料最大掺量

矿物掺合料种类	水胶比	最大掺量/%	
		采用硅酸盐水泥时	采用普通硅酸盐水泥时
粉煤灰	≤0.40	45	35
	>0.40	40	30
粒化高炉矿渣粉	≤0.40	65	55
	>0.40	55	45
钢渣粉	—	30	20
磷渣粉	—	30	20
硅灰	—	10	10
复合掺合料	≤0.40	65	55
	>0.40	55	45

（5）混凝土拌和物中水溶性氯离子最大含量应符合表 5-7 的要求。混凝土拌和物中水溶性氯离子含量应按照现行的行业标准《水运工程混凝土试验检测技术规范》（JTS/T 236—2019）中混凝土拌和物中氯离子含量的快速测定方法进行测定。

表 5-7 混凝土拌和物中水溶性氯离子最大含量

环境条件	水溶性氯离子最大含量/%（水泥用量的质量百分比）		
	钢筋混凝土	预应力混凝土	素混凝土
干燥环境	0.30		
潮湿但不含氯离子的环境	0.20	0.06	1.00
潮湿且含有氯离子的环境、盐渍土环境	0.10		
除冰盐等侵蚀性物质的腐蚀环境	0.06		

（6）长期处于潮湿或水位变动的寒冷和严寒环境以及盐冻环境的混凝土应掺用引气剂。引气剂掺量应根据混凝土含气量要求经试验确定，混凝土最小含气量应符合表 5-8 的规定，最大不宜超过 7.0%。

表 5-8 混凝土最小含气量

粗骨料最大公称粒径/mm	混凝土最小含气量/%	
	潮湿或水位变动的寒冷和严寒环境	盐冻环境
40.0	4.5	5.0
25.0	5.0	5.5
20.0	5.5	6.0

4. 确定混凝土配制强度

（1）当混凝土的设计强度等级小于 C60 时，配制强度应按式（5-8）计算：

$$f_{cu, 0} \geqslant f_{cu, k} + 1.645\sigma \tag{5-8}$$

式中：$f_{cu, 0}$——混凝土配制强度（MPa）；

$f_{cu, k}$——混凝土立方体抗压强度标准值，这里取混凝土的设计强度等级值（MPa）；

σ——混凝土强度标准差（MPa）。

（2）当设计强度等级不小于 C60 时，配制强度应按式（5-9）计算：

$$f_{cu, 0} \geqslant 1.15 f_{cu, k} \tag{5-9}$$

（3）混凝土强度标准差应按照下列规定确定：

当具有近 1~3 个月的同一品种、同一强度等级混凝土的强度资料，且试件组数不小于 30 时，其混凝土强度标准差 σ 应按式（5-10）计算：

$$\sigma = \sqrt{\frac{\sum_{i=1}^{n} f_{cu, i}^2 - n m_{fcu}^2}{n - 1}} \tag{5-10}$$

式中：σ——混凝土强度标准差（MPa）；

$f_{cu, i}$——第 i 组混凝土试件的强度（MPa）；

m_{fcu}——n 组试件的强度平均值（MPa）；

n——试件组数。

对于强度等级不大于 C30 的混凝土，当混凝土强度标准差计算值不小于 3.0 MPa 时，应按式(5-10)计算结果取值；当混凝土强度标准差计算值小于 3.0 MPa 时，应取 3.0 MPa。

对于强度等级大于 C30 且小于 C60 的混凝土，当混凝土强度标准差计算值不小于 4.0 MPa 时，应按式(5-10)计算结果取值；当混凝土强度标准差计算值小于 4.0 MPa 时，应取 4.0 MPa。

5.混凝土配合比计算

(1)水胶比。

①当混凝土强度等级小于 C60 时，混凝土水胶比宜按式(5-11)计算：

$$W/B = \frac{\alpha_a f_b}{f_{cu,0} + \alpha_a \alpha_b f_b} \qquad (5-11)$$

式中：W/B——混凝土水胶比；

α_a、α_b——回归系数，碎石分别取 0.53、0.20，卵石分别取 0.49、0.13；

f_b——胶凝材料 28 d 胶砂抗压强度(MPa)。

②当胶凝材料 28 d 胶砂抗压强度值无实测值时，可按式(5-12)计算：

$$f_b = \gamma_f \cdot \gamma_s \cdot f_{ce} \qquad (5-12)$$

式中：γ_f、γ_s——粉煤灰影响系数、粒化高炉矿渣粉影响系数，可按表 5-9 选用；

f_{ce}——水泥 28 d 胶砂抗压强度(MPa)。

表 5-9　粉煤灰影响系数(γ_f)和粒化高炉矿渣粉影响系数(γ_s)

掺量/%	粉煤灰影响系数(γ_f)	粒化高炉矿渣粉影响系数(γ_s)
0	1.00	1.00
10	0.85~0.95	1.00
20	0.75~0.85	0.95~1.00
30	0.65~0.75	0.90~1.00
40	0.55~0.65	0.80~0.90
50	—	0.70~0.85

③当水泥 28 d 胶砂抗压强度无实测值时，f_{ce} 值可按式(5-13)计算：

$$f_{ce} = \gamma_c \cdot f_{ce,g} \qquad (5-13)$$

式中：γ_c——水泥强度等级值的富余系数，可按实际统计资料确定，当缺乏实际统计资料时，也可按表 5-10 选用；

$f_{ce,g}$——水泥强度等级值(MPa)。

表 5-10　水泥强度等级值的富余系数(γ_c)

水泥强度等级值	32.5	42.5	52.5
富余系数	1.12	1.16	1.10

（2）用水量和外加剂用量。

①每立方米干硬性或塑性混凝土的用水量（m_{w0}）应符合下列规定：

a. 混凝土水胶比在 0.40~0.80 时，可按表 5-11、表 5-12 选取；

b. 混凝土水胶比小于 0.40 时，可通过试验确定。

表 5-11 干硬性混凝土的用水量

拌和物稠度		不同卵石最大公称粒径下的用水量/(kg·m^{-3})			不同碎石最大公称粒径下的用水量/(kg·m^{-3})		
项目	指标	10.0 mm	20.0 mm	40.0 mm	16.0 mm	20.0 mm	40.0 mm
维勃稠度/s	16~20	175	160	145	180	170	155
	11~15	180	165	150	185	175	160
	5~10	185	170	155	190	180	165

表 5-12 塑性混凝土的用水量

拌和物稠度		不同卵石最大公称粒径下的用水量/(kg·m^{-3})				不同碎石最大公称粒径下的用水量/(kg·m^{-3})			
项目	指标	10.0 mm	20.0 mm	31.5 mm	40.0 mm	16.0 mm	20.0 mm	31.5 mm	40.0 mm
坍落度/mm	10~30	190	170	160	150	200	185	175	165
	35~50	200	180	170	160	210	195	185	175
	55~70	210	190	180	170	220	205	195	185
	75~90	215	195	185	175	230	215	205	195

注：a. 本表用水量系采用中砂时的取值。采用细砂时，每立方米混凝土用水量可增加 5~10 kg；采用粗砂时，可减少 5~10 kg。b. 掺用矿物掺合料和外加剂时，用水量应相应调整。

②掺外加剂时，每立方米流动性或大流动性混凝土的用水量（m_{w0}）可按式（5-14）计算：

$$m_{w0} = m'_{w0}(1-\beta) \tag{5-14}$$

式中：m_{w0}——计算配合比每立方米混凝土的用水量（kg/m^3）；

$\quad\quad m'_{w0}$——未掺外加剂时推定的满足实际坍落度要求的每立方米混凝土用水量（kg/m^3），以表 5-12 中 90 mm 坍落度的用水量为基础，按每增大 20 mm 坍落度相应增加 5 kg/m^3 用水量来计算，当坍落度增大到 180 mm 以上时，随坍落度相应增加的用水量可减少；

$\quad\quad \beta$——外加剂的减水率（%），应经混凝土试验确定。

③每立方米混凝土中外加剂用量（m_{a0}）应按式（5-15）计算：

$$m_{a0} = m_{b0}\beta_a \tag{5-15}$$

式中：m_{a0}——计算配合比每立方米混凝土中外加剂用量（kg/m^3）；

$\quad\quad m_{b0}$——计算配合比每立方米混凝土中胶凝材料用量（kg/m^3）；

β_a——外加剂掺量(%)，应经混凝土试验确定。

（3）胶凝材料、矿物掺合料和水泥用量。

①每立方米混凝土的胶凝材料用量（m_{b0}）应按式（5-16）计算，并应进行试拌调整，在拌和物性能满足的情况下，取经济合理的胶凝材料用量。

$$m_{b0} = \frac{m_{w0}}{W/B} \qquad (5-16)$$

式中：m_{b0}——计算配合比每立方米混凝土中胶凝材料用量（kg/m³）；

m_{w0}——计算配合比每立方米混凝土的用水量（kg/m³）；

W/B——混凝土水胶比。

②每立方米混凝土的矿物掺合料用量（m_{f0}）应按式（5-17）计算：

$$m_{f0} = m_{b0}\beta f \qquad (5-17)$$

式中：m_{f0}——计算配合比每立方米混凝土中矿物掺合料用量（kg/m³）；

β_f——矿物掺合料掺量（%）。

③每立方米混凝土的水泥用量（m_{c0}）应按式（5-18）计算：

$$m_{c0} = m_{b0} - m_{f0} \qquad (5-18)$$

式中：m_{c0}——计算配合比每立方米混凝土中水泥用量（kg/m³）。

（4）砂率。

①砂率应根据骨料的技术指标、混凝土拌和物性能和施工要求，参考既有历史资料确定。

②当缺乏砂率的历史资料时，混凝土砂率的确定应符合下列规定：

a.坍落度小于 10 mm 的混凝土，其砂率应经试验确定；

b.坍落度为 10~60 mm 的混凝土，其砂率可根据粗骨料品种、最大公称粒径及水胶比按表5-13选取；

c.坍落度大于 60 mm 的混凝土，其砂率可经试验确定，也可在表5-13的基础上，按坍落度每增大 20 mm、砂率增大 1%的幅度予以调整。

表 5-13　混凝土的砂率

水胶比	不同卵石最大公称粒径下的砂率/%			不同碎石最大公称粒径下的砂率/%		
	10.0 mm	20.0 mm	40.0 mm	16.0 mm	20.0 mm	40.0 mm
0.40	26~32	25~31	24~30	30~35	29~34	27~32
0.50	30~35	29~34	28~33	33~38	32~37	30~35
0.60	33~38	32~37	31~36	36~41	35~40	33~38
0.70	36~41	35~40	34~39	39~44	38~43	36~41

（5）粗、细骨料。

①当采用质量法计算混凝土配合比时，粗、细骨料用量应按式（5-19）计算；砂率应按式（5-20）计算：

$$m_{f0}+m_{c0}+m_{g0}+m_{s0}+m_{w0}=m_{cp} \tag{5-19}$$

$$\beta_s=\frac{m_{s0}}{m_{g0}+m_{s0}}\times100\% \tag{5-20}$$

式中：m_{g0}——计算配合比每立方米混凝土的粗骨料用量（kg/m^3）；

m_{s0}——计算配合比每立方米混凝土的细骨料用量（kg/m^3）；

β_s——砂率（%）；

m_{cp}——每立方米混凝土拌和物的假定质量（kg），可取 2350～2450 kg/m^3。

②当采用体积法计算混凝土配合比时，砂率应按式（5-20）计算，粗、细骨料用量应按式（5-21）计算：

$$\frac{m_{c0}}{\rho_c}+\frac{m_{f0}}{\rho_f}+\frac{m_{g0}}{\rho_g}+\frac{m_{s0}}{\rho_s}+\frac{m_{w0}}{\rho_w}+0.01\alpha=1 \tag{5-21}$$

式中：ρ_c——水泥密度（kg/m^3）；

ρ_f——矿物掺合料密度（kg/m^3）；

ρ_g——粗骨料的表观密度（kg/m^3）；

ρ_s——细骨料的表观密度（kg/m^3）；

ρ_w——水的密度（kg/m^3），可取 1000 kg/m^3；

α——混凝土的含气量百分数，在不使用引气剂或引气型外加剂时，α 可取 1。

6.混凝土配合比的试配、调整与确定

（1）试配。

每盘混凝土试配的最小搅拌量应符合相关规定，并不应小于搅拌机公称容量的1/4。

首先试拌，宜保持计算水胶比不变，以节约胶凝材料为原则，调整胶凝材料用量、用水量、外加剂用量和砂率等，直到混凝土拌和物性能符合设计和施工要求，然后修正计算配合比，提出试拌配合比。

在试拌配合比的基础上，进行混凝土强度试验，并应符合下列规定：应至少采用 3 个不同的配合比，其中一个应为试拌配合比，另外两个配合比的水胶比宜较试拌配合比分别增加和减少 0.05（当水灰比较低时，增加或减少 0.02），用水量应与试拌配合比相同，砂率可分别增加和减少 1%。外加剂掺量也做减少和增加的微调。进行混凝土强度试验时，标准养护到 28 d 或设计规定龄期时试压，最终应满足标准养护 28 d 或设计规定龄期的强度要求。

（2）配合比的调整与确定。

通过绘制强度和胶水比关系图，按线性比例关系，采用略大于配制强度对应的胶水比做进一步配合比调整偏于安全。也可以直接采用前述至少 3 个水胶比混凝土强度试验中一个满足配制强度的胶水比做进一步配合比调整，虽然相对比较简明，但有时可能强度富余较多，经济代价略高。

思考与练习

1.道路用水泥的性能指标有哪些？如何测试？

2.简述混凝土坍落度的测试步骤。

3.混凝抗折强度如何测试？为什么路面混凝土常采用混凝土抗折强度作为评价指标？

4.某一级公路路面采用水泥混凝土，路面混凝土抗折设计强度不低于 4.5 MPa，抗压强度设计强度不低于 35.0 MPa，要求强度保证率 95%。该施工单位无历史统计资料。施工要求坍落度为 30~50 mm，施工现场混凝土由机械搅拌，机械振捣。试验室提供普通 P·O 42.5 水泥（密度 3.14 kg/m³）、Ⅱ区河砂（含水率 0.5%，密度 2.64 kg/m³）、5~31.5 mm 连续级配卵石（含水率为 0.1%，密度 2.69 kg/m³）、自来水、减水剂（减水率 12.6%）。请设计该混凝土配合比。

第6章　公路工程现场试验与检测技术

6.1　压实度试验检测

6.1.1　压实度定义

路基、路面压实质量是道路工程施工质量管理重要的内在指标之一，只有对路基、路面结构层进行充分压实，才能保证路基路面的强度、刚度及平整度，并保证及延长路基、路面工程的使用寿命。

现场压实质量用压实度表示，对于路基土及路面基层，压实度是指工地实际达到的干密度与室内标准击实试验所得的最大于密度的比值；对沥青路面，压实度是指现场实际达到的密度与室内标准密度的比值，见式(6-1)：

$$压实度 = 干密度/最大干密度 \times 100\% \tag{6-1}$$

6.1.2　压实度检测方法

常见的测定土的最大干密度的方法有击实法、振动台法、表面振动压实仪法。各方法的特点是：击实法适合于细粒土及粗粒土，试验过程方便；后两种方法适合于测定无黏性自由排水粗粒土及巨粒土，或者适用于通过 0.074 mm 标准筛的干颗粒质量百分率不大于 15% 的粗粒土及巨粒土，振动台法与表面振动压实仪法在试验原理上有所差别，前者是整个土样同时受到垂直方向的振动作用，后者是振动作用自土体表面垂直向下传递的。

路基路面现场测定压实度的方法主要有以下几种。

1. 挖坑灌砂法测定压实度试验方法

(1)目的与适用范围。

本方法适用于现场测试基层或底基层、砂石路面及路基结构的压实度，以评价结构层的压实质量。但不适用于填石路堤等有大孔洞或大空隙的结构压实度测试。

(2)试验仪具与材料。

①灌砂筒；

②标定罐；

③基板；

④玻璃板；

⑤试样盘和铝盒；

⑥电子秤；

⑦电子天平；

⑧含水率测试设备；

⑨量砂；

⑩盛砂的容器;

⑪温度计;

⑫其他。

(3)试验方法与步骤。

①标定灌砂设备下部圆锥体内砂的质量。

a.在储砂筒筒口高度上,向储砂筒内装砂至距筒顶距离为 15 mm±5 mm。称取装入筒内砂的质量 m_1,精确至 1 g。以后每次标定及试验都应该维持装砂高度与质量不变。

b.将开关打开,让砂自由流出,并使流出砂的体积与标定罐的容积相当(或等于工地所挖试坑内的体积),然后关上开关。

c.不晃动储砂筒,轻轻地将储砂筒移至玻璃板上,将开关打开,让砂流出,直到筒内砂不再下流时,将开关关上,取走储砂筒。

d.称量留在玻璃板上的砂或称量储砂筒内砂的质量,精确至 1 g。玻璃板上的砂质量就是圆锥体内砂的质量(m_2)。

e.重复上述测量 3 次,取其平均值。

②标定量砂的单位质量。

a.用 15~25℃ 水确定标定罐的容积,精确至 1 mL。

b.在储砂筒中装入质量为 m_1 的砂,并将灌砂筒放在标定罐上,将开关打开,让砂流出。在整个流砂过程中,不要碰灌砂筒,直到储砂筒内的砂不再下流时,将开关关闭。取下灌砂筒,称取筒内剩余砂的质量 m_3,精确至 1 g。

c.按式(6-2)计算填满标定罐所需砂的质量:

$$m_a = m_1 - m_2 - m_3 \tag{6-2}$$

式中:m_a——标定罐中砂的质量(g);

m_1——装入储砂筒内砂的质量(g);

m_2——灌砂筒下部圆锥体内砂的质量(g);

m_3——灌砂入标定罐后,筒内剩余砂的质量(g)。

d.重复上述测量 3 次,取其平均值。

e.按式(6-3)计算量砂的单位质量 γ_s:

$$\gamma_s = m_a / V \tag{6-3}$$

式中:γ_s——量砂的单位质量(g/cm³);

V——标定罐的体积(cm³)。

③试验步骤。

a.在试验地点,选一块平坦表面,将其清扫干净,面积不得小于基板面积。

b.将基板放在平坦表面上。当表面的粗糙度较大时,将盛有量砂(m_5)的灌砂筒放在基板中孔上,做好基板位置标识。将灌砂筒的开关打开,让砂流入基板中孔内,直到储砂筒内的砂不再下流时关闭开关。取下灌砂筒,并称量储砂筒内砂的质量(m_6),精确至 1 g。

c.取走基板,收回留在试验地点未混入杂质的量砂,重新将表面清扫干净。

d.将基板放回原处并固定,沿基板中孔凿洞(洞的直径与灌砂筒直径一致)。在凿洞过程中,不应使凿出的材料丢失,并随时将凿松的材料取出装入塑料袋中或大铝盒内密封,防止水分蒸发。试洞的深度应等于测试层厚度,但不得有下层材料混入。称取洞内材料质量 m_w,

精确至 1 g。当需要测试厚度时，应先测量厚度后再称量材料总质量。

e. 从挖出的全部材料中取有代表性的试样，放在铝盒或洁净的搪瓷盘中，测试其含水率（ω）。单组取样数量如下：用小灌砂筒测试时，对于细粒土，不少于 100 g；对于各种中粒土，不少于 500 g。用中灌砂筒测试时，对于细粒土，不少于 200 g；对于各种中粒土，不少于 1000 g；对于粗粒土或水泥、石灰、粉煤灰等无机结合料稳定材料，宜将取出的材料全部烘干，且不少于 2000 g，称其质量（m_d）。用大型灌砂筒测试时，宜将取出的材料全部烘干，称其质量（m_d）。

f. 储砂筒内放满砂到要求质量 m_1，将基板安放在试坑原位上。灌砂筒安放在基板中间，下口对准基板中孔，打开灌砂筒开关，让砂流入试坑内。在此期间，不应碰灌砂筒，直到储砂筒内的砂不再下流时，关闭开关。取走灌砂筒，并称量筒内剩余砂的质量（m_4），精确至 1 g。

g. 如清扫干净的平坦表面粗糙度不大，也可省去上述 b. 和 c. 的操作。在试洞挖好后，将灌砂筒直接对准试坑，中间不需要放基板。打开灌砂筒开关，让砂流入试坑内。在此期间，不应碰灌砂筒。直到储砂筒内的砂不再下流时，关闭开关。取走灌砂筒，并称量剩余砂的质量（m'_4），精确至 1 g。

h. 取出储砂筒内的量砂，以备下次试验时再用。

i. 取走基板，将留在试坑内未混入杂质的量砂收回；将坑内剩余量砂清理干净后，回填与被测结构同材质的填料，并用铁锤分 3~4 层夯实。

j. 回收的量砂烘干、过筛，并放置 24 h 以上，使其与空气的湿度达到平衡后可以继续使用。若量砂中混有杂质，则应废弃。

（4）数据整理。

①按式（6-4）、式（6-5）计算填满试坑所用砂的质量 m_b（g）：

灌砂时，试坑上放有基板时：

$$m_b = m_1 - m_4 - (m_5 - m_6) \qquad (6-4)$$

灌砂时，试坑上不放基板时：

$$m_b = m_1 - m'_4 - m_2 \qquad (6-5)$$

式中：m_1——灌砂前灌砂筒内砂的质量（g）；

m_2——灌砂筒下部圆锥体内砂的质量（g）；

m_4、m'_4——灌砂后，储砂筒内剩余砂的质量（g）；

（$m_5 - m_6$）——灌砂筒下部圆锥体内及基板和粗糙表面间砂的合计质量（g）。

②按式（6-6）计算试坑材料的湿密度 ρ_w（g/cm³）：

$$\rho_w = m_w \times \gamma_s / m_b \qquad (6-6)$$

式中：m_w——试坑中取出的全部材料的质量（g）；

γ_s——量砂的单位质量（g/cm³）。

③按式（6-7）计算试坑材料的干密度 ρ_d（g/cm³）：

$$\rho_d = \rho_w / (1 + 0.01\omega) \qquad (6-7)$$

式中：ω——试坑材料的含水率（%）。

④水泥、石灰、粉煤灰等无机结合料稳定土，可按式（6-8）计算密度 ρ_d（g/cm³）：

$$\rho_d = m_d \times \gamma_s / m_b \qquad (6-8)$$

式中：m_d——试坑中取出的稳定土的烘干质量(g)。

⑤按式(6-9)计算施工压实度：

$$K=\rho_d\times100/\rho_c \qquad (6-9)$$

式中：K——测试地点的施工压实度(%)；

ρ_d——试样的干密度(g/cm^3)；

ρ_c——由击实试验得到的试样的最大干密度(g/cm^3)。

当试坑材料组成与击实试验的材料有较大差异时，可以试坑材料做标准击实，求取实际的最大干密度。

2.环刀法测定压实度试验方法

(1)目的和适用范围。

本方法适用于现场测试细粒土及龄期不超过 2 d 的无机结合料稳定细粒土结构的密度，并计算施工压实度，以评价结构层的压实质量。

(2)仪具与材料。

本试验需要下列仪具与材料：

①人工取土器：包括环刀、环盖、定向筒和击实锤系统(导杆、落锤、手柄)。环刀内径 6~8 cm，高 2~5.4 cm，壁厚 1.5~2 mm。

②电动取土器：由底座、立柱、升降机构、取芯机构、动力和传动机构组成。

③天平：分度值不大于 0.01 g。

④其他：镐、小铁锹、修土刀、毛刷、直尺、钢丝锯、凡士林、木板及测试含水率设备等。

(3)方法与步骤。

①对结构层填料进行击实试验，得到最大干密度及最佳含水率。

②在现场选取位置相邻的两处作为平行试验的测点。

③用人工取土器测试黏性土及无机结合料稳定细粒土密度的步骤如下：

a.擦净环刀，称取环刀质量 m_2，精确至 0.01 g。

b.在试验地点将面积约 30 cm×30 cm 的地面清扫干净，并铲去压实层表面浮动及不平整的部分。

c.将定向筒齿钉固定于铲平的地面上，顺次将环刀、环盖放入定向筒内与地面垂直。

d.将导杆保持垂直状态，用取土器落锤将环刀打入压实层中。在施工过程控制或质量评定时，环刀中部处于压实层厚的 1/2 深度；用于其他需要的测试时，可按其要求深度取样。

e.去掉击实锤和定向筒，用镐将环刀及试样挖出。

f.轻轻取下环盖，用修土刀自边至中削去环刀两端余土，用直尺测试直至修平为止。

g.擦净环刀外壁，用天平称取出环刀及试样合计质量 m_1，精确至 0.01 g。

h.自环刀中取出试样，取具有代表性的试样(不少于 100 g)，测试其含水率(ω)。

④用人工取土器测试砂性土或砂层密度的步骤如下：

a.如为湿润的砂土，试验时不宜使用击实锤和定向筒，在铲平的地面上，挖出一个直径较环刀外径略大的砂土柱，将环刀刃口向下，平置于砂土柱上，用两手平稳地将环刀垂直压下，环刀中部处于压实层厚的 1/2 深度。

b.削掉环刀口上的多余砂土，并用直尺刮平。

c.在环刀上口盖一块平滑的木板，一手按住木板，另一手用小铁锹将试样从环刀底部切断，然后将装满试样的环刀反转过来，削去环刀刃口上部的多余砂土，并用直尺刮平。

d. 擦净环刀外壁，称环刀与试样合计质量（m_1），精确至 0.01 g。

e. 自环刀中取具有代表性的试样（不少于 100 g），测试其含水率。

f. 干燥的砂土不能挖成砂土柱时，可直接将环刀压入或打入土中至环刀中部处于压实层厚的 1/2 深度。

⑤用电动取土器测试无机结合料细粒土和硬塑土密度的步骤如下：

a. 装上所需规格的取芯头。在施工现场取芯前，选择一块平整的路段，将 4 只行走轮扳起，4 根定位销钉采用人工加压的方法，压入路基土层中。松开锁紧手柄，旋动升降手轮，使取芯头刚好与土层接触，锁紧手柄。

b. 将电瓶与调速器接通，调速器的输出端接入取芯机电源插口。指示灯亮，显示电路已通；启动开关，电机带动取芯机构转动。根据土层含水率调节转速，操作升降手柄至规定的深度，上提取芯机构，停机，移开电动取土器。将取芯套筒套在切削好的土芯立柱上，摇动即可取出样品。

c. 取出样品，立即按取芯套筒长度用修土刀或钢丝锯修平两端，制成所需规格土芯，如拟进行其他试验项目，装入密封盒中，送试验室备用。

d. 称量土芯带套筒质量 m_1，从土芯中心部分取试样测试含水率。

（4）计算。

计算试样的湿密度及干密度，见式（6-10）和式（6-11）：

$$\rho = 4(m_1 - m_2)/(\pi \times d^2 \times h) \tag{6-10}$$

$$\rho_d = \rho/(1 + 0.01\omega) \tag{6-11}$$

式中：ρ——试样的湿密度（g/cm³）；

m_1——环刀或取芯套筒与试样合计质量（g）；

m_2——环刀或取芯套筒质量（g）；

d——环刀或取芯套筒直径（cm）；

h——环刀或取芯套筒高度（cm）；

ρ_d——试样的干密度（g/cm³）；

ω——试样的含水率（%）。

计算施工压实度，见式（6-12）：

$$K = \rho_d \times 100/\rho_c \tag{6-12}$$

式中：K——测试地点的施工压实度（%）；

ρ_d——试样的干密度（g/cm³）；

ρ_c——由击实试验得到材料的最大干密度（g/cm³）。

3. 钻芯测试路面压实度方法

（1）目的与适用范围。

本方法适用于测试从压实的沥青路面上钻取沥青混合料芯样的密度，并计算施工压实度，以评价结构层的压实质量。

（2）仪具与材料技术要求。

①路面取芯钻机；

②天平：分度值不大于 0.1 g；

③水槽：温度控制在±0.5℃以内；

④吊篮；

⑤石蜡；

⑥其他：卡尺、毛刷、取样袋(容器)、电风扇。

(3)方法与步骤。

①钻取芯样。

a.按《公路路基路面现场测试规程》(JTG 3450—2019)T 0903 规定的方法钻取路面芯样，芯样直径不宜小于 φ100 mm。当一次钻孔取得的芯样包含有不同层位的沥青混合料时，应根据结构组合情况用切割机将芯样沿各层结合面锯开分层进行测试。

b.钻孔取样应在路面完全冷却后进行，对普通沥青路面通常在第 2 天取样，对改性沥青及 SMA 路面宜在第 3 天以后取样。

②测试试件密度。

a.将钻取的试件在水中用毛刷轻轻刷净黏附的粉尘。如试件边角有浮松颗粒，应仔细清除。

b.将试件晾干或用电风扇吹干不少于 24 h，直至恒重。

c.按现行《公路工程沥青及沥青混合料试验规程》(JTG E20—2011)的沥青混合料试件密度试验方法测试试件密度 ρ_s。通常情况下采用表干法测试试件的毛体积相对密度；对吸水率大于 2%的试件，宜采用蜡封法测试试件的毛体积相对密度；对吸水率小于 0.5%特别致密的沥青混合料，在施工质量检验时，允许采用水中重法测试表观相对密度。

(4)计算。

采用最大理论密度时，沥青面层的压实度按下式计算，见式(6-13)：

$$K = \rho_s \times 100/\rho_t \qquad (6-13)$$

式中：K——沥青层某一测定部位的压实度(%)；

ρ_s——沥青混合料芯样试件的实际密度(g/cm^3)；

ρ_t——沥青混合料的最大理论密度(g/cm^3)。

4.核子密湿度仪测试压实度试验方法

(1)本方法适用于用核子密湿度仪测试路基、路面材料的密度和含水率，并计算施工压实度，以评价结构层的压实质量。

(2)本方法可采用散射和直接透射两种方式进行。其中，散射方式宜用于测试沥青混合料面层的压实密度或硬化混凝土等难以打孔材料的密度。直接透射方式宜用于测试厚度不大于 30 cm 的土基、基层材料或非硬化水泥混凝土等可以打孔材料的密度及含水率。

5.无核密度仪测试压实度试验方法

(1)本方法适用于现场无核密度仪快速测试当日铺筑且未开放交通的沥青路面各层沥青混合料的密度，并计算压实度。测试结果不宜用于评定验收。

(2)无核密度仪是一种无损检测手段，鉴于其使用效果尚未经过足够验证，故目前其测定结果不宜用于评定验收。

(3)无核密度仪可用于检测铺筑完工的沥青路面、现场沥青混合料铺筑层密度及快速检查混合料的离析。

(4)由于本试验可靠性需要反复对比和检测，故还没有普遍用于工程质量的检测，只能作为一种间接的检测手段。

6.1.3 压实度代表值计算

检验评定段的压实度代表值 K（算术平均值的下置信界限）见式（6-14）：

$$K = k - t_\alpha S / \sqrt{n} \geqslant K_0 \tag{6-14}$$

式中：k——检验评定段内各测点压实度的平均值；

t_α——t 分布表中随测点数和保证率（或置信度 α）而变的系数，t_α 见《公路工程质量检验评定标准 第一册 土建工程》（JTG F80/1—2017）附录 B 中附表 B 采用的保证率，对于高速公路、一级公路，基层、底基层为 99%，路基、路面面层为 95%，对于其他公路，基层、底基层为 95%，路基、路面面层为 90%；

S——检测值的标准差；

n——检测点数；

K_0——压实度标准值。

6.2 回弹弯沉试验检测

6.2.1 定义

由回弹弯沉值来表现路基路面的承载能力，回弹弯沉值越大，承载能力越小，反之越大。常说的回弹弯沉值是指标准后轴双轮组轮隙中心的最大回弹弯沉值。

弯沉值的几个概念如下：

（1）回弹变形，以 0.01 mm 为单位。

（2）弯沉：在标准轴载作用下，路基路面表面轮隙位置产生的总垂直变形（总弯沉）或回弹变形（回弹弯沉）；根据设计年限内一个车道上预测通过的累计当量轴次、公路等级、面层和基层类型确定的路面弯沉设计值。

（3）竣工验收弯沉值。

检验路面是否达到设计要求指标之一。当路面厚度计算以设计弯沉值为控制指标时，则验收弯沉值应等于设计弯沉值；当厚度计算以层底拉应力为控制指标时，应根据拉应力计算得到的结构厚度，重新计算路面弯沉值，该弯沉值即竣工验收弯沉值。

6.2.2 弯沉值检测方法

常见的测试弯沉的方法有贝克曼梁法、自动弯沉仪法、落锤式弯沉仪法。贝克曼梁法：是一种传统的方法，属于静态测试，比较成熟，目前是标准方法；其缺点是速度较慢。自动弯沉仪法：应用贝克曼梁原理快速连续测试，属于静态测试，测试的是总弯沉；应用贝克曼梁进行标定换算。落锤式弯沉仪法：利用重锤自由落下的瞬间产生的冲积荷载测定弯沉，属于动态弯沉，能反算路面的回弹模量，快速连续；应用贝克曼梁进行标定换算。

1. 贝克曼梁测定路面弯沉试验方法

（1）适用范围。

①适用于测试路基及沥青路面的回弹弯沉，用以评定其整体承载能力。

②不适用于路基冻结后的回弹弯沉检测。

（2）仪具与材料技术要求。

本试验需要下列仪具与材料：

①贝克曼梁：由合金铝制成，上有水准泡，其前臂与后臂长度比为2:1。贝克曼梁按长度分为5.4 m(3.6 m+1.8 m)梁和3.6 m(2.4 m+1.2 m)梁两种。长度为5.4 m的贝克曼梁适用于各种类型的路面结构回弹弯沉的测试；长度为3.6 m的贝克曼梁适用于柔性基层沥青路面回弹弯沉的测试。

②加载车：单后轴、单侧双轮组的载重车，双轮轮隙应能满足自由插入贝克曼梁测头的要求，轴载、轮胎气压等技术参数应符合表6-1的要求。

表6-1 测定弯沉用的加载车的参数要求

后轴标准轴载 P/kN	100 ± 1
单侧双轮荷载/kN	50 ± 0.5
轮胎气压/MPa	0.70 ± 0.05
单轮传压面当量圆面积/mm^2	$(3.56\pm0.20)\times10^4$

③百分表及表架。

④路表温度计：分辨力不大于1℃。

⑤其他：钢直尺等。

（3）试验方法。

①准备工作。

a.检查并保持测试用加载车的车况及制动性能良好，轮胎气压应符合表6-1的要求。

b.给加载车配重，并用地中衡称量后轴总质量及单侧双轮荷载等，均应符合表6-1的要求，加载车行驶及测试过程中，轴重不应变化。

c.若启用新加载车或加载车轮胎发生较大磨损时应测试轮胎传压面面积。轮胎传压面面积测试方法如下：确保加载车双侧轮载及其轮胎气压满足表6-1的要求，在平整光滑的硬质路面上用千斤顶将汽车后轴顶起，在轮胎下方铺一张新的复写纸和一张方格纸，轻轻落下千斤顶，即在方格纸上印上轮胎印痕。用求积仪或数方格的方法测算单个轮胎印迹范围内的面积，均应符合表6-1中单轮传压面当量圆面积的要求。

d.当在沥青路面上测试时，通过气象台了解前5天的平均气温（日最高气温与最低气温的平均值）。

e.记录沥青路面结构层材料类型、设计厚度等情况。

②测试步骤。

a.将加载车停放在测试路段的测试位置，后轮一般应置于道路行车轮迹带上。将贝克曼梁插入加载车后轮轮隙处，与加载车行车方向一致，梁臂不得接触轮胎。贝克曼梁测头置于轮隙中心前方30~50 mm处测点上。用路表温度计测量并记录测点附近的路表温度。可采用两台贝克曼梁对双侧轮迹同时进行回弹弯沉测试。

b.将百分表安装在表架上，并将百分表的测头安放在贝克曼梁的测定杆顶面。轻轻叩击贝克曼梁,确保百分表正常归位。

c. 指挥加载车缓缓前进,速度一般为 5 km/h 左右,百分表示值随路面变形持续增加。当示值最大时,迅速读取初读数 L_1。加载车仍继续前进,示值开始反向变化,待加载车驶出弯沉影响范围(3 m 以上),百分表示值稳定后,读取终读数 L_2。

d. 指挥加载车沿轮迹带前行,驶向下一测试位置,重复 a~c 的步骤,完成测试路段的回弹弯沉测试。

③当采用 5.4 m 贝克曼梁测试弯沉时,一般可不进行支点变形修正。当有可能引起贝克曼梁支座处变形,在测试时应检验支点有无变形。如果有变形时,此时应用另一台测试用的贝克曼梁安装在测定用贝克曼梁的后方,其测点架于测定用贝克曼梁的支点旁。当加载车开出时,同时测定两台贝克曼梁的弯沉读数,如检验贝克曼梁百分表有读数,即应该记录并进行支点变形修正。当在同一结构层上测定时,可在不同位置测定 5 次,求取平均值,以后每次测定时以此作为修正值。

(4)结果计算及温度修正。

①路面测点的回弹弯沉值按式(6-15)计算:

$$L_T = (L_1 - L_2) \times 2 \qquad (6-15)$$

式中:L_T——在沥青面层平均温度 T 时的回弹弯沉值(0.01 mm);

L_1——车轮中心临近贝克曼梁测头时百分表的最大读数(0.01 mm);

L_2——加载车驶出弯沉影响半径后待百分表稳定后的终读数(0.01 mm)。

②当需进行弯沉仪支点变形修正时,按式(6-16)计算路面测点回弹弯沉值:

$$L_T = (L_1 - L_2) \times 2 + (L_3 - L_4) \times 6 \qquad (6-16)$$

式中:L_3——加载车中心临近贝克曼梁测头时检验用贝克曼梁的最大读数(0.01 mm);

L_4——加载车驶出弯沉影响半径后检验用贝克曼梁的终读数(0.01 mm)。

式(6-16)适用于测定用贝克曼梁支座处有变形,但百分表架处路面已无变形的情况。

③当沥青面层厚度大于 50 mm 时,回弹弯沉值应根据沥青面层平均温度进行温度修正,按下列步骤进行。

a. 按式(6-17)计算测定时的沥青面层平均温度:

$$T = (T_{25} + T_m + T_e)/3 \qquad (6-17)$$

式中:T——测定时沥青面层平均温度(℃);

T_{25}——路表下 25 mm 处的温度(℃);

T_m——沥青面层中间深度的温度(℃);

T_e——沥青面层底面处的温度(℃)。

可按《公路路基路面现场测试规程》(JTG 3450—2019)的图解法,查出相应温度,按照式(6-17)计算测定时沥青面层平均温度 T,而后查出温度修正系数 K。

b. 当沥青面层平均温度在(20±2)℃时,温度修正系数 $K=1$。当沥青面层平均温度为其他温度时,应根据沥青面层厚度,分别由《公路路基路面现场测试规程》(JTG 3450—2019)中的图 T 0951-4 及图 T 0951-5 求取不同基层的沥青路面弯沉值的温度修正系数 K。

c. 按式(6-18)计算修正后的沥青路面回弹弯沉值:

$$L_{20} = L_T \times K \qquad (6-18)$$

式中:K——温度修正系数;

L_{20}——修正为20℃的沥青路面回弹弯沉值(0.01 mm)。

④按式(6-19)计算每一个评定路段的代表弯沉:

$$L_r = (L + \beta \times S) K_1 K_3 \tag{6-19}$$

式中：L_r——弯沉代表值(0.01 mm)；

L——实测弯沉的平均值(0.01 mm)；

S——标准差(0.01 mm)；

β——目标可靠指标，见表6-2；

K_1——湿度影响系数，路基顶面弯沉测定时，根据当地经验确定，路表弯沉测定时，根据实测弯沉值通过反算得到路基模量值，修正后得到结构模量值，然后得出测试状态下的弯沉湿度修正系数，或根据当地经验确定；

K_3——温度影响系数，路基顶面弯沉测定时取1，路表弯沉测定时根据式(6-20)确定：

$$K_3 = e^{[9 \times 10^{-6}(\ln E_0 - 1)H_a + 4 \times 10^{-3}](20 - T)} \tag{6-20}$$

式中：T——弯沉测定时沥青结合料类材料层中点实测或预估温度(℃)；

H_a——沥青结合料类材料层厚度(mm)；

E_0——平衡湿度状态下路基顶面回弹模量(MPa)。

表6-2　目标可靠指标 β 值

公路等级	高速公路	一级公路	二级公路	三级公路	四级公路
目标可靠度/%	95	90	85	80	70
目标可靠指标(β)	1.65	1.28	1.04	0.84	0.52

2. 自动弯沉仪测试路面弯沉试验方法

(1)适用范围。

①本方法适用于测试沥青路面的总弯沉，以评价其承载能力。

②本方法不适用于有严重坑槽、车辙等病害，不具备正常通车条件路面的弯沉测试。

(2)仪具与材料技术要求。

自动弯沉仪由承载车，测量机架，控制系统，位移、温度和距离传感器，以及数据采集与处理系统等基本部分组成。

①承载车：单后轴、单侧双轮组的载重车，其轴载、轮胎气压等参数应符合表6-1的要求。

②位移及距离传感器基本技术要求及参数。

a. 位移传感器分辨率：≤0.01 mm；

b. 位移传感器量程：≥3 mm；

c. 距离传感器的示值误差：≤1%。

(3)测试步骤。

①准备工作。测试前需检查并保持承载车的车况及制动性能良好；检查承载车轮胎气压、轮载是否符合要求；检查测量机架、设备电源是否正常；进行位移传感器的标定；并试测2~3个步距，确保测量系统正常运行。

②通电预热测试系统。

③开启工程警灯和导向标等警告标志,在测试路段前 20 m 处将测量机架放落在路面上。

④按照测试路段的现场技术要求设置所需的测试状态参数。

⑤缓慢加速承载车到测试速度,一般应控制在 3.5 km/h 以内。当实际采用的现场测试速度超出此范围时,应进行设备的相关性试验,对测试结果进行修正。承载车沿正常行车轨迹驶入测试路段,开始测试。在测试过程中,根据承载车实际到达的位置,将测试路段起终点、桥涵等特征位置的桩号输入记录数据中。同时,应测量并记录路表温度。

⑥当承载车驶出测试路段后,停止数据采集和记录,并缓慢停止承载车,提起测量机架。

⑦检查数据文件的完整性,确保测试内容正常,否则需要重新测试。

⑧关闭测试系统电源,结束测试。

自动弯沉仪与贝克曼梁应进行弯沉对比试验,逐点对应计算两者的相关关系,得出回归方程式 $L_b = a + bL_a$,式中 L_b、L_a 分别为贝克曼梁、自动弯沉仪测定的弯沉值。回归方程式的相关系数应不小于 0.95。

3.落锤式弯沉仪测试路面弯沉试验方法

(1)适用范围。

本方法适用于采用落锤式弯沉仪测试路表在冲击荷载作用下产生的瞬时变形,即动态弯沉,以便评价路基路面承载能力。

(2)仪具。

落锤式弯沉仪(FWD)由荷载发生装置、弯沉检测装置、控制系统与牵引车等组成。

(3)方法与步骤。

①准备工作。

a. 调整重锤的质量及落高,使重锤的质量及产生的冲击荷载符合要求。

b. 检查 FWD 的车况及使用性能,确保功能正常。

c. 将 FWD 牵引至测试地点,牵引 FWD 行驶的速度不宜超过 50 km/h。

d. 开启 FWD,对传感器进行标定。

②测试步骤。

a. 将 FWD 牵引至测试路段起始位置,输入测试位置信息,设定好状态参数。

b. 将承载板中心位置对准测点,测点一般应布置在车道轮迹带处。落下承载板,放下弯沉检测装置的各传感器。

c. 启动荷载发生装置,落锤瞬即自由落下,冲击力作用于承载板上,又立即自动提升至原来位置固定。同时,记录荷载数据,各个位移传感器测量并记录路表变形数据,变形峰即为弯沉值。每个测点重复测试应不少于 3 次。

d. 提起传感器及承载板,牵引车向前移动至下一个测点,重复 b~c 步骤完成测试路段的测试。

落锤式弯沉仪与贝克曼梁弯沉应进行对比试验,逐点对应计算两者的相关关系。通过对比试验得出回归方程式 $L_b = a + bL_{FWD}$,式中 L_{FWD}、L_b 分别为落锤式弯沉仪、贝克曼梁测定的弯沉值。回归方程式的相关系数应不小于 0.95。

6.2.3 弯沉值评定

(1)弯沉值采用落锤式弯沉仪(FWD)、自动弯沉仪或贝克曼梁测量。每一双车道评定路段(不超过 1 km)测量检查点数应符合表 6-3 的规定,多车道公路应按车道数与双车道数之比,相应增加测点。

表 6-3　弯沉测点数

检测设备	落锤式弯沉仪(FWD)	自动弯沉仪或贝克曼梁
测点数/点	40	80

(2)路基、沥青路面弯沉代表值为弯沉测量值的上波动界限,用式(6-21)计算:

$$L_r = (L + \beta \times S) K_1 K_3 \tag{6-21}$$

式中:L_r——弯沉代表值(0.01 mm);

　　　L——实测弯沉的平均值(0.01 mm);

　　　S——标准差(0.01 mm);

　　　β——目标可靠指标,见表 6-2;

　　　K_1——湿度影响系数,路基顶面弯沉测定时,根据当地经验确定,路表弯沉测定时,根据实测弯沉值通过反算得到路基模量值,修正后得到结构模量值,然后得出测试状态下的弯沉湿度修正系数,或根据当地经验确定;

　　　K_3——温度影响系数,路基顶面弯沉测定时取 1,路表弯沉测定时根据式(6-20)确定。

(3)粒料类基层和底基层顶面弯沉代表值应按式(6-22)计算:

$$L_r = L + Z_a \times S \tag{6-22}$$

式中:L_r——弯沉代表值(0.01 mm);

　　　L——实测弯沉的平均值(0.01 mm);

　　　S——标准差(0.01 mm);

　　　Z_a——与要求保证率有关的系数,高速公路、一级公路取 2.0,二级公路取 1.645,二级以下公路取 1.5。

(4)二级及二级以下公路,当路基和粒料类基层、底基层的弯沉代表值不符合要求时,可将超出 $L + (2 \sim 3) S$ 的弯沉特异值舍弃,对舍弃的弯沉值大于 $L + (2 \sim 3) S$ 的点,应找出其周围界限,进行局部处理,并对弯沉进行复测后重新计算平均值和标准差。高速公路、一级公路不得舍弃特异值。

(5)弯沉代表值大于设计弯沉值时,相应分项工程应为不合格。

6.3　平整度及构造深度试验检测

6.3.1　平整度

1. 平整度定义

平整度(roughness)是评价路面施工质量和服务水平的一个重要指标,是指道路表面相对于理想平面的竖向偏差。路表的平整度与其下各结构层的平整状况有一定的联系,即各层的平整效果将累积反映到路表上来。路表不平整会增大行车阻力,使车辆振动,造成颠簸,影响舒适性,同时车辆振动作用还会对路面施加额外冲击力,从而增加路面和车辆机件损坏,增大油耗。而且,不平整的路面会积滞雨水,不仅加速路面损坏,也给行车带来安全隐患。因此平整度是路况评价的一项重要参数。

2.平整度检测方法

路面平整度的测试设备大致分为断面类和反映类两大类。断面类是通过测量路表凹凸情况来反映平整度,如 3 m 直尺、连续式平整度仪及车载式激光平整度仪等;反映类是通过测定路面凹凸引起的车辆的颠簸振动来反映平整度状况,如车载式颠簸累积仪等。常用的几种平整度测试方法的特点及评价指标见表 6-4。

表 6-4 平整度测试方法比较

方法/仪器	特点	技术指标	类别
3 m 直尺法	设备成本低,结果直观,间断测试,工作效率低	最大间隙/mm	断面类
连续式平整度仪法	设备成本较低,连续测试,工作效率较高	标准差/mm	断面类
车载式激光平整度仪法	设备成本高,连续测试,工作效率高,技术指标国际通用	国际平整度指数 IRI(m/km)	断面类
颠簸累积仪法	设备成本较低,连续测试,工作效率高,测试结果受承载车影响	单向累计值 VBI(cm/km)	反映类

(1)3 m 直尺法。

①适用范围。

a.本方法适用于用 3 m 直尺测试路表与 3 m 直尺基准面的最大间隙,用以表征路表平整度。

b.本方法适用于碾压成型后的路基路面各层表面的平整度测试。

②仪具。

a.3 m 直尺;

b.最大间隙测量器具:楔形塞尺或深度尺,分度值不大于 0.5 mm;

c.其他:皮尺或钢尺等。

③方法与步骤。

A.准备工作。

a.确定测试方式。当测试沥青路面施工过程中的质量时,应以单尺方式测试,且测试位置应选在接缝处;其他情况一般以连续 10 尺方式测试。

b.选择测试位置。除特殊需要者外,应以行车道一侧车轮轮迹(距车道线 0.8~1.0 m)作为连续测试的位置。对既有道路已形成车辙的路面,应取车辙中间位置为测试位置。

c.清扫路面测试位置处的碎石、杂物等。

B.测试步骤。

a.将 3 m 直尺沿道路纵向摆在测试位置的路面上。

b.目测 3 m 直尺底面与路表面之间的间隙情况,确定最大间隙的位置。

c.将具有高度标线的塞尺塞进间隙处，测试其最大间隙的高度；或者用深度尺在最大间隙位置测试直尺上顶面距地面的深度，该深度减去尺高即测试点最大间隙的高度。以 mm 计，精确至 0.5 mm。

④计算。

计算单尺测试路面的平整度，以 3 m 直尺与路面的最大间隙为测试结果；连续测试 10 尺时，判断每尺最大间隙是否合格，并计算合格率，以及 10 个最大间隙的平均值。

（2）连续式平整度仪法。

①适用范围。

a.本方法适用于连续式平整度仪测试路面纵向相对高程的标准差，用以表征路面的平整度。

b.本方法不适用于在已有较多坑槽、破损严重的路面上测试。

②仪具。

a.连续式平整度仪：连续式平整度仪的标准长度为 3 m，其质量应符合仪器标准的要求。中间为一个 3 m 长的机架，机架可缩短或折叠，前后各有 4 个行走轮，前后两组轮的轴间距离为 3 m。测定间距为 100 mm，每一计算区间的长度为 100 m 并输出一次结果。机架装有一牵引钩及手拉柄，可用人力或汽车牵引。

b.牵引车：小面包车或其他小型牵引汽车。

c.皮尺或测绳。

③方法与步骤。

A.准备工作。

a.当施工过程中有质量控制需要时，测试地点根据需要决定；当进行路面工程质量检查验收或路况评定时，通常以行车道一侧车轮轮迹带作为连续测试的标准位置；对已形成车辙的路面，取一侧车辙中间位置为测点位置。

b.清扫路面测试位置处的碎石、杂物等。

c.检查仪器测试箱各部分应完好、灵敏，测定轮胎压正常，并将各连接线接妥，安装记录设备。

B.测试步骤。

a.将连续式平整度仪置于测试路段路面起点上，保证测定轮位置在轮迹带范围内。

b.在牵引汽车的后部，将连续式平整度仪与牵引汽车连接好，按照要求依次完成各项操作。

c.启动牵引汽车，沿道路纵向行驶，横向位置保持稳定。

d.确认连续式平整度仪工作正常。牵引连续式平整度仪的速度应保持匀速且沿车道方向行驶，速度宜为 5 km/h，最大不得超过 12 km/h。在测试路段较短时，亦可用人力拖拉平连续式整度仪测试路面的平整度，但拖拉时应保持匀速前进。

6.3.2 构造深度

1.构造深度的定义

构造深度也称纹理深度，是路面粗糙度的重要指标，是指一定面积的路表面凹凸不平的开口孔隙的平均深度，主要用于评定路面表面的宏观粗糙度、排水性能及抗滑性。

2.构造深度检测方法

构造深度的检测主要有铺砂法、激光构造深度仪法，二者比较如表6-5所示。

表6-5 构造深度测试方法比较

方法	测试指标/mm	原理	特点及适用范围
铺砂法	构造深度 TD	将已知体积的砂，摊铺在所要测试路面的测点上，以表面不留浮砂为原则，量取摊平覆盖的面积。砂的体积与所覆盖的平均面积的比值，即构造深度	定点测量，原理简单设备成本低，受人为因素影响较大。其适用于沥青路面及水泥混凝土路面的抗滑性能测试
激光构造深度仪法	构造深度 TD	采用激光测距的原理，以较高的采样频率，按一定的计算模型计算路面构造深度	测试效率较高，设备成本较高。其适用于测试干燥的沥青路面构造深度，不适用于较多坑槽、显著不平整或裂缝过多的路段

3.构造深度的测试(手工铺砂法)

(1)适用范围。

本方法适用于测试沥青路面及无刻槽水泥混凝土路面表面构造深度，用以评定路面表面抗滑性能。

(2)仪具与材料技术要求。

①手工砂铺仪：由量砂筒、推平板组成。

a.量砂筒：一端是封闭的，容积为(25±0.15)mL，可通过称量砂筒中水的质量以确定其容积 V，并调整其高度，使其容积符合规定要求。附专用的刮尺将筒口量砂刮平。

b.推平板：推平板应为木制或铝制，直径50 mm，底面粘一层厚1.5 mm 的橡胶片，上面有一圆柱把手。

②量砂：足够数量的干燥洁净的匀质砂，粒径0.15~0.30 mm。

③量尺：钢板尺或专用构造深度尺。

④其他：装砂容器(小铲)、扫帚或毛刷、挡风板等。

(3)方法与步骤。

①准备工作。

a.量砂准备：取洁净的细砂，晾干过筛，取0.15~0.30 mm 的砂置于适当的容器中备用。试验时，量砂只能一次性使用，不得重复使用。

b.按照《公路路基路面现场测试规程》(JTG 3450—2019)T 0902 规定的方法选取路段测点横断面位置，同时测点应选在车道的轮迹带位置，且距路面边缘不得小于1 m。

②测试步骤。

a.用扫帚或毛刷子将测点附近的路面清扫干净，尺寸不少于30 cm×30 cm。

b.用小铲向圆筒中缓缓注入准备好的量砂至高出量筒成尖顶状，手提圆筒上部，用钢尺轻轻叩打圆筒中部3 次，并用刮尺边沿筒口一次刮平。不可直接用量砂筒装量砂，以免影响量砂密度的均匀性。

c.将砂倒在路面上,用推平板由里向外重复做摊铺运动,稍稍用力将砂向外均匀摊开,使砂填入路表面的空隙中,尽可能将砂摊成圆形,并不得在表面上留有浮动余砂。注意摊铺时不可用力过大或向外推挤。

d.用钢板尺测量所构成圆的两个垂直方向的直径,取其平均值,精确至1 mm。也可用专用尺直接测量构造深度。

e.按以上方法,同一处平行测试不少于3次,3个测点均位于轮迹带上,测点间距3~5 m。对同一处测试应该由同一个试验员进行测试。该处的测试位置以中间测点的位置表示。

(4)计算。

以铺砂法为例,计算构造深度,见式(6-23):

$$T_D = 4 \times 1000 V / \pi D^2 = 31831 / D^2 \tag{6-23}$$

式中:T_D——路面表面构造深度(mm);

V——砂的体积(25 cm^3);

D——摊平砂的平均直径(mm)。

高速公路、一级公路在验收时应符合表6-6的要求,二级公路可参照执行。

表6-6 公路构造深度验收合格值

年平均降水量/mm	交工检测指标/mm
大于1000	构造深度 $T_D \geq 0.55$
500~1000	构造深度 $T_D \geq 0.50$
250~500	构造深度 $T_D \geq 0.45$

6.4 路面抗滑性能试验检测

6.4.1 定义

路面抗滑性能是路面的表面安全技术性能,是指车辆轮胎受到制动时,路面防止轮胎滑移的能力。影响抗滑性能的因素主要有路面表面特性、路面潮湿程度和行车速度。路面抗滑性一般用轮胎与路面间的摩擦系数(如摆值、制动系数、横向力系数等)和表面宏观构造深度来表示。摩擦系数直接表征了道路表面防滑性能水平的高低;路表构造深度体现的是当道路表面有水存在时,路面防止车辆高速行驶情况下摩擦系数下降的能力。

6.4.2 抗滑性能测试方法

抗滑性能测试方法有摆式仪法、手工铺砂法、车载式激光构造深度仪法、单轮式横向力系数测试系统、双轮式横向力系数测试系统。

1.手工铺砂法测定路面构造深度试验

本方法适用于测试沥青路面及无刻槽水泥混凝土路面表面构造深度,用以评定路面表面抗滑性能。

2. 摆式仪测定路面摆式摩擦系数试验

（1）适用范围。

本方法适用于以指针式摆式仪测试无刻槽水泥路面和沥青路面的摆式摩擦系数值 BPN。

（2）仪具与材料技术要求。

①指针式摆式仪：测试时由人工通过指针在度盘上直接读值，摆值最小刻度为 2。

②橡胶片：尺寸为 6.35 mm×25.4 mm×76.2 mm，橡胶质量应符合规范要求。当橡胶片使用后，端部在长度方向上磨耗超过 1.6 mm 或边缘在宽度方向上磨耗超过 3.2 mm，或有油类污染时，应立即更换新橡胶片。新橡胶片应先在干燥路面上测试 10 次后再用于测试，橡胶片的有效使用期自出厂日期起算为 12 个月。

③滑动长度量尺：长度 126 mm。

④喷水壶。

⑤路面温度计：分度不大于 1℃。

⑥其他：毛刷或扫帚、记录表格等。

（3）方法与步骤。

①准备工作。

a. 检查指针式摆式仪的调零灵敏情况，并定期进行滑块压力的标定。

b. 按《公路路基路面现场测试规程》(JTG 3450—2019) T 0902 规定的方法选择测试位置，每个测试位置布设 3 个测点，测点间距离为 3~5 m，以中心测点的位置表示该测试位置。测试位置应选在车道横断面上轮迹处，且距路面边缘不应小于 1 m。

②测试步骤。

A. 清洁路面：用扫帚或其他工具将测点处路面上的浮尘或附着物打扫干净。

B. 仪器调平。

a. 将指针式摆式仪置于路面测点上，并使摆的摆动方向与行车方向一致。

b. 转动底座上的调平螺栓，使水准泡居中。

C. 指针调零。

a. 放松紧固旋钮，转动升降旋钮，使摆升高并能自由摆动，然后旋紧紧固旋钮。

b. 将摆固定在右侧悬臂上，使摆处于水平位置，并把指针拨至右端与摆杆贴紧。

c. 右手按下释放开关，使摆向左带动指针摆动，当摆达到最高位置后刚开始下落时，用左手将摆杆接住，此时指针应指零。

d. 指针若不指零，通过转动松紧调节螺母进行调整后，重复 A~C 的步骤，直至指针指零，调零允许误差为±1。

D. 校核滑动长度。

a. 让摆处于自然下垂状态，松开固定旋钮，转动升降旋钮使摆下降，并提起举升柄使摆向左侧移动，然后放下举升柄使橡胶片长边下缘轻轻触地，在边侧紧靠橡胶片摆放滑动长度量尺，使量尺左端对准橡胶片触地下缘；再提起举升柄使摆向右侧移动，然后放下举升柄使橡胶片下缘轻轻触地，检查橡胶片下缘是否与滑动长度量尺的右端齐平。若齐平，则说明橡胶片两次触地的距离（滑动长度）符合 126 mm±1 mm 的要求。左右两次橡胶片长边边缘应以刚刚接触路面为准，不可借摆的力量向前滑动，以免标定的滑动长度与实际不符。

b. 橡胶片两次触地与量尺两端若不齐平，通过升高或降低摆或仪器底座的高度进行调整。微调时,也可用旋转仪器底座上的调平螺丝调整仪器底座高度的方法,但需注意保持水准泡居中。

c.重复上述步骤,直至滑动长度符合 126 mm±1 mm 的要求。

E.将摆固定在右侧悬臂上,使摆处于水平位置,并把指针拨至右端靠紧摆杆。

F.用喷水壶浇洒测点处路面,使之处于湿润状态。

G.按下右侧悬臂上的释放开关,使摆在路面滑过,当摆杆回落时,用手接住摆杆并读数,但不做记录。

H.重复操作 E~G 步骤 5 次,读记每次测试的摆值。5 个摆值中最大值与最小值的差值不得大于 3。如差值大于 3,应重复上述各项操作,直至符合规定。

I.在测点处用温度计测记潮湿路表温度,准确 1℃。

J.重复 A~I 步骤,完成一个测试位置 3 个测点的摆值测试。

(4)计算。

①计算每个测点 5 个摆值的平均值作为该测点的摆值 BPN_T,取整数。

②摆值的温度修正。

当路面温度为 $T(℃)$ 时测得的摆值 BPN_T 应按式(6-24)换算成标准温度 20℃ 的摆值 BPN_{20}:

$$BPN_{20} = BPN_T + \Delta BPN \tag{6-24}$$

式中:BPN_{20}——换算成标准温度 20℃ 时的摆值;

BPN_T——路面温度 T 时测得的摆值;

ΔBPN——温度修正值按表 6-7 采用。

表 6-7 温度修正值

温度/℃	0	5	10	15	20	25	30	35	40
温度修正值(ΔBPN)	-6	-4	-3	-1	0	+2	+3	+5	+7

3.单轮式横向力系数测试系统测定路面横向力系数试验

(1)适用范围。

本方法适用于单轮式横向力系数测试系统在新、改建路面工程质量验收和无严重坑槽、车辙等病害的正常行车条件下连续采集路面的横向力系数。

(2)仪具与材料技术要求。

①测试系统:由承载车、距离测试装置、横向力测试装置、供水装置和主控制单元组成。

②测试系统主要技术要求。

a.承载车应为能够固定和安装测试、储供水、控制和记录等系统的载重车底盘,具有在水罐满载状态下最高车速大于 100 km/h 的性能。

b.测试轮胎类型:光面天然橡胶充气轮胎。

c.测试轮胎规格:3.00-20-4PR。

d.测试轮胎标准气压:$(3.5±0.2)$kg/cm²。

e.测试轮偏置角:19.5°~21°。

f. 测试轮静态垂直标准荷载：(2000±20)N。

g. 拉力传感器非线性误差：<0.05%。

h. 拉力传感器有效量程：0~2000 N。

i. 距离标定误差：<2%。

(3)测试步骤。

①正式开始测试前应先按规定的时间要求启动控制单元进行通电预热。

②进入测试路段前，测试人员设置所需的系统技术参数，并将测试轮胎至少提前 500 m 降至路面上进行预跑。

③进入测试路段后，驾驶员应保持较为均匀的行车速度，并沿正常行车轨迹行驶。当为固定出水控制方式时，行驶最高速度不得超过出水开关事先设置所对应的速度。

④测试过程中，测试人员应及时准确将测试路段需要标记的起终点和其他特殊点的位置输入测试数据记录中。

⑤承载车驶出测试路段后，测试人员停止测试程序，提升起测量轮并恢复仪器各部分至初始状态。

⑥检查数据文件内容应完整正常，否则需要重新测试。

⑦关闭测试系统电源，结束测试。

(4)SFC 值的修正。

①速度修正。

以测试结果使用时所需的速度作为标准测试速度，其他测试速度条件下得到的 SFC 值应通过式(6-25)转换至标准速度下的等效 SFC 值：

$$SFC_标 = SFC_测 - 0.22(V_标 - V_测) \qquad (6-25)$$

式中：$SFC_标$——标准测试速度下的等效 SFC 值；

$SFC_测$——现场实际测试速度条件下的 SFC 测试值；

$V_标$——标准测试速度(km/h)；

$V_测$——现场实际测试速度。

②温度修正。

测试系统的标准现场测试地面温度范围为(20±5)℃，其他地面温度条件下测试的 SFC 值必须通过表 6-8 转换至标准温度下的等效 SFC 值。

表 6-8　SFC 值的温度修正

温度/℃	10	15	20	25	30	35	40	45	50	55	60
SFC 值的温度修正	-3	-1	0	+1	+3	+4	+6	+7	+8	+9	+10

4. 双轮式横向力系数测试系统测定路面摩擦系数试验

本方法适用于双轮式横向力系数测试系统在新建、改建路面工程的质量验收和无严重坑槽、车辙等病害的正常行车条件下测试路面的横向力系数。

6.4.3　路面抗滑性评定

1.路面表面构造深度评定

$$T_{\mathrm{D}} = 4 \times 1000 V / \pi D^2 = 31831 / D^2 \tag{6-26}$$

式中：T_{D}——路面表面构造深度（mm）；

$\quad$ V——砂的体积（25 cm³）；

$\quad$ D——摊平砂的平均直径（mm）。

每一测试位置均取 3 次路面构造深度的测试结果的平均值作为试验结果，精确至 0.01 mm。当平均值小于 0.2 mm 时，试验结果以<0.2 mm 表示。

抗滑值的温度修正：

计算每一个评定路段路面抗滑值的平均值、标准差、变异系数。

激光构造深度仪测值应与铺砂法构造深度值进行相关关系比对试验，得出的相关系数 R 不小于 0.97。

高速公路、一级公路构造深度竣工验收值应大于等于 0.55 mm。

2.路面摆式摩擦系数评定

当路面温度为 T（℃）时测得的摆值 BPN_T 应按式（6-27）换算成标准温度 20℃的摆值 BPN_{20}：

$$BPN_{20} = BPN_T + \Delta BPN \tag{6-27}$$

式中：BPN_{20}——换算成标准温度 20℃时的摆值；

$\quad$ BPN_T——路面温度 T 时测得的摆值；

$\quad$ ΔBPN——温度修正值按表 6-9 采用。

表 6-9　温度修正值

温度/℃	0	5	10	15	20	25	30	35	40
温度修正值（ΔBPN）	−6	−4	−3	−1	0	+2	+3	+5	+7

计算每一个评定路段路面抗滑值的平均值、标准差、变异系数。

高速公路、一级公路的摆式摩擦系数 BPN 竣工验收值应大于等于45。

3.路面横向力系数评定

（1）评定路段内的路面横向力系数应按 SFC 的设计或验收标准值进行评定。

（2）SFC 代表值为 SFC 算术平均值的下置信界限值，见式（6-28）：

$$SFC_{\mathrm{r}} = \overline{SFC} - \frac{t_\alpha S}{\sqrt{n}} \tag{6-28}$$

式中：SFC_{r}——SFC 代表值；

$\quad$ $\overline{SFC}$——SFC 算术平均值；

$\quad$ S——标准差；

$\quad$ n——采集数据样本数量；

t_α——t 分布表中随测点数和保证率(或置信度 α)而变的系数,可查《公路工程质量检验评定标准　第一册　土建工程》(JTG F80/1—2017)附录 B 中附表 B.0.3 的保证率,高速公路、一级公路,基层、底基层为 99%,路基、路面面层为 95%,对于其他公路,基层、底基层为 95%,路基、路面面层为 90%。

(3)当 SFC 代表值不小于设计或验收标准时,应以所有单个 SFC 值统计合格率;当 SFC 代表值小于设计或验收标准时,该路段应为不合格。

6.5　路面结构层厚度试验检测

6.5.1　路面厚度检测

在路面工程中,各个层次的厚度与道路整体强度密切相关。在路面设计中,不管是刚性路面,还是柔性路面,其最终要决定的,都是各个层次的厚度,只有在保证厚度的情况下,路面的各个层次及整体的强度才能得到保证。严格控制各结构层的厚度,除了能保证强度,还能对路面的标高起到一定的控制作用,是一个非常重要的指标。

6.5.2　厚度检测方法

路面各结构层厚度的检测一般与压实度同时进行,当用灌砂法进行压实度检查时,可量取挖坑灌砂深度即结构层厚度。当用钻芯取样法检查压实度时,可直接量取芯样高度。

结构层厚度也可以采用水准仪量测法求得,即在同一测点量出结构层底面及顶面的高程,然后求其差值。这种方法无须破坏路面,测试精度高。但是受制于施工周期,不能实时实施检测。

对于基层或砂石路面的厚度可用挖坑法测定,沥青面层与水泥混凝土路面板的厚度应用钻孔法测定。

下面介绍 3 种常用厚度检测方法。

1.挖坑法厚度测试步骤

(1)按现行规范规定的方法确定挖坑测试的位置,如为既有道路,应避开坑洞等显著缺陷或接缝位置。

(2)在选择的试验地点,选一块约 400 mm×400 mm 的平坦表面,用毛刷将其清扫干净。

(3)根据材料坚硬程度,选择镐、铲、凿子等适当的工具,开挖这一层材料,直至层位底面,在便于开挖的前提下,开挖面积应尽量缩小,坑洞大体呈圆形,边开挖边将材料铲出,置于搪瓷盘中。

(4)用毛刷清扫坑底,确认已开挖至下一层的顶面。

(5)将直尺平放横跨于坑的两边,用钢直尺在坑的中部位置垂直伸至坑底,测量坑底至直尺下缘的距离,即为测试层的厚度,以 mm 计,精确至 1 mm。

2.钻芯法厚度测试步骤

(1)按现行规范规定的方法确定挖坑测试的位置,如为既有道路,应避开坑洞等显著缺陷或接缝位置。

(2)在试验地点选一块约 400 mm×400 mm 的平坦表面,用毛刷将其清扫干净。

（3）按现行规范的规定用路面取芯机钻孔并取出芯样，钻孔深度应超过测试层的底面。

（4）取出完整芯样，找出与下层的分界面。

（5）用钢直尺或游标卡尺沿芯样圆周对称的十字方向量取表面至分界面的高度，共 4 处，计算其平均值，即该层的厚度，以 mm 计，精确至 1 mm。

以上两种方法都需要对试坑或者钻孔进行填补。

3. 短脉冲雷达测定路面厚度

利用短脉冲雷达等无损测试手段进行路面结构层厚度的检测，已在我国广泛使用。此类方法测试效率高，准确性能够满足工程需要，且不受施工周期的限制，能对隐蔽工程实时检测。但由于是一种无损的、间接的厚度测试手段，加之人们的认识程度有所差异，故遇到检测结果争议时，还需要通过开挖或钻芯来进一步检验。

短脉冲雷达测定路面厚度具有以下特点：

（1）利用雷达波在不同物质界面上的反射信号，识别分界面，通过电磁波的走时荷载介质中的波速推算相应介质的厚度。

（2）短脉冲雷达具有测值精度高、工作稳定等特点，用于检测路面厚度的雷达天线频率一般为 1.0 GHz 以上。

（3）适用于新、改建路面工程质量验收和旧路加铺路面设计的厚度调查。

（4）雷达发射的电磁波在道路面层传播过程中会逐渐衰减。雷达最大探测深度是由雷达系统的参数以及路面材料的电磁属性决定的。对于材料过度潮湿或饱水以及有高含铁量的矿渣集料的路面不适合用本方法测试。如果是雨后工作，建议等待 1d 时间，待路面含水率稳定后再测。

6.5.3 结构层厚度的评定

（1）路面厚度是关系质量和造价的重要指标，既不能给承包商提供偷工减料的可能机会，又要考虑正常施工条件下的厚度偏差情况，采用平均值的置信下限作为否决指标。

（2）厚度代表值为厚度的算术平均值的下置信界限，厚度代表值的计算见式（6-29）：

$$X_l = \overline{X} - \frac{t_\alpha S}{\sqrt{n}} \qquad (6-29)$$

式中：X_l——厚度代表值（算术平均值的下置信界限）；

$\overline{X}$——厚度平均值；

S——标准差；

n——检测点数；

t_α——t 分布表中随测点数和保证率（或置信度 α）而变的系数，可查《公路工程质量检验评定标准　第一册　土建工程》（JTG F80/1—2017）附录 B 中附表 B.0.3 的保证率，高速公路、一级公路，基层、底基层为 99%，路基、路面面层为 95%，对于其他公路，基层、底基层为 95%，路基、路面面层为 90%。

（3）当厚度代表值大于或等于设计厚度减去代表值允许偏差时，则按单个检查值的偏差不超过单点合格值来计算合格率；当厚度代表值小于设计厚度减去代表值允许偏差时，该评定路段厚度不合格，相应分项工程应评为不合格。

（4）沥青面层宜按沥青铺筑层总厚度进行评定，高速公路、一级公路分 2~3 层铺筑时，还应进行上面层厚度检查和评定。

6.6 沥青路面渗水性能试验检测

沥青路面渗水性能是反映路面沥青混合料级配组成的一个间接指标，也是沥青路面水稳定性的一个重要指标，在最新颁布实施的《公路沥青路面施工技术规范》（JTG F40—2004）中，对渗水系数这一指标做出了严格规定。要求在配合比设计阶段密级配沥青混合料的渗水系数要小于 120 mL/min，SMA 小于 80 mL/min，在施工质量检测时普通沥青路面路表渗水系数不大于 300 mL/min，SMA 路面不大于 200 mL/min，进一步提高了对渗水性能的重视程度。渗水系数指标对于提高沥青路面的施工质量、衡量沥青路面通行状况、预防沥青路面水损害、进行合理的路面养护具有重要意义。

6.6.1 目的与适用范围

本方法适用于在现场测试沥青路面的渗水系数。

6.6.2 仪具与材料技术要求

本试验需要下列仪具与材料：

（1）路面渗水仪：上部盛水量筒由透明有机玻璃制成，容积 600 mL，上有刻度，在 100 mL 及 500 mL 处有粗标线，下方通过 ϕ10 mm 的细管与底座相接，中间有一开关。量筒通过支架联结，底座下方开口内径 150 mm，外径 220 mm，仪器附不锈钢圈压重两个，每个质量约 5 kg，内径 160 mm。

（2）套环：金属圆环，宽度 5 mm，内径 145 mm，主要防止密封材料被挤压进入测试面而导致渗水面积不一致。

（3）水筒及大漏斗。

（4）秒表。

（5）密封材料：防水腻子、油灰或橡皮泥。

（6）其他：水、粉笔、塑料圈、刮刀、扫帚等。

6.6.3 方法与步骤

1. 准备工作

（1）每个测试位置，按照《公路路基路面现场测试规程》（JTG 3450—2019）附录 A 规定的方法，随机选择 3 个测点，并用粉笔画上测试标记。

（2）试验前，首先用扫帚清扫表面，并用刷子将路面表面的杂物刷去。

（3）新建沥青路面的渗水试验宜在沥青路面碾压成型后 12 h 内完成。

2. 试验步骤

（1）将塑料圈置于路面表面的测点上，用粉笔分别沿塑料圈的内侧和外侧画上圈，在外环和内环之间的部分就是需要用密封材料进行密封的区域。

（2）用密封材料对环状密封区域进行密封处理，注意不要使密封材料进入内圈，如果密封材料不小心进入内圈,必须用刮刀将其刮走。然后再将搓成拇指粗细的条状密封材料摞在环状密封区域的中央,并且摞成一圈。

(3)将套环放在路面表面的测点上,注意使套环的中心尽量和圆环中心重合,然后略微使劲将套环压在条状密封材料表面;采用同样的方法将渗水仪放在套环上、对中,施加压力将渗水仪压在套环上,再将配重加上,以防压力水从底座与路面间流出。

(4)将开关及排气孔关闭,向量筒中注水超过 100 mL 刻度,然后打开开关和排气孔,使量筒中的水下流排出渗水仪底部内的空气,当量筒中水面下降速度变慢时,用双手轻压渗水仪使渗水仪底部的气泡全部排出,当水自排气孔顺畅排出时,关闭开关和排气孔,并再次向量筒中注水至 100 mL 刻度。

(5)将开关打开,待水面下降至 100 mL 刻度时,立即开动秒表开始计时,计时 3 min 后立即记录水量,结束试验;当计时不到 3 min 水面已下降至 500 mL 时,立即记录水面下降至 500 mL 时的时间,结束试验。当开关打开后 3 min 时间内水面无法下降至 500 mL 刻度时,则开动秒表计时测试 3 min 内渗水量即可结束试验。

(6)测试过程中,如水从底座与密封材料间渗出,则底座与路面间密封不好,此试验结果为无效。关闭开关,采用密封材料补充密封,重新按(4)~(5)测试。如果仍然有水渗出,应在同一纵向位置沿宽度方向就近选择位置,重新按照(1)~(5)测试。

(7)测试过程中,如水从外环圈以外路面中渗出,可以人工将密封材料在外环圈之外 5 cm 宽度范围内再次进行密封处理,重新按(4)~(5)测试,只要密封范围内无水渗出,则认为试验结果为有效。

(8)重复(1)~(7)的步骤,测试 3 个测点的渗水系数。

6.6.4 计算

按式(6-30)计算渗水系数,精确至 0.1 mL/min:

$$C_w = (V_2 - V_1)/(T_2 - T_1) \times 60 \qquad (6-30)$$

式中:C_w——渗水系数(mL/min);

$\quad\quad V_1$——第一次计时时的水量(mL);

$\quad\quad V_2$——第二次计时时的水量(mL);

$\quad\quad T_1$——第一次计时时的时间(s);

$\quad\quad T_2$——第二次计时时的时间(s)。

6.7 激光路面平整度仪试验

6.7.1 目的与适用范围

本方法适用于各类车辙式激光平整度仪在新建、改建路面工程质量验收和无严重坑槽、车辙等病害及无积水、冰雪、泥浆的正常通车条件下连续采集路段平整度数据。

6.7.2 仪具与材料技术要求

1. 测试系统

由承载车、距离传感器、纵断面高程传感器和主控制系统组成。主控制系统对测试装置的操作实施控制,完成数据采集、传输、存储与计算过程。

2. 测试系统基本技术要求和参数

测试速度:(30~100)km/h;

采样间隔:≤500 mm;

传感器测试精度:1.0 mm;

距离标定误差:≤0.05%。

6.7.3 检测原理

路面平整度检测使用的设备为激光道路断面测试系统。图6-1为路面平整度测试原理示意图。检测过程中,通过激光传感器、加速度传感器和距离传感器,分别测量激光传感器到断面的垂向距离、激光传感器的垂向加速度和沿断面纵向行驶的距离,然后用式(6-31)可计算得到断面的高程:

$$Z(x) = H(x) + \iint_x A_t(s)/v^2 \mathrm{d}s\mathrm{d}s \tag{6-31}$$

式中:x——断面的纵向距离;

$Z(x)$——断面高程;

$H(x)$——激光传感器到断面的垂向距离;

$A_t(s)$——加速度传感器的垂向加速度;

v^2——沿断面纵向行驶速度的平方。

最后计算机通过 *IRI* 的标准计算程序计算左右侧 *IRI* 值,保存到目标文件夹中。

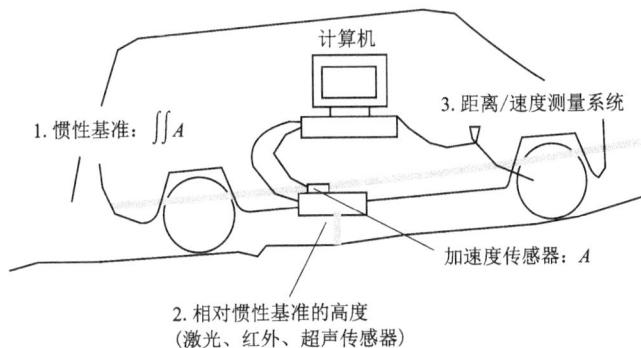

图6-1 路面平整度测试原理示意图

6.7.4 检测频率

激光路面平整度仪测定路面平整度连续性检测,检测频率一般为每10 m一个测值,也可根据项目需要进行设置。

6.7.5 数据处理及评定

先将现场测试数据传输到计算机，利用 Excel 软件剔除特异值后进行数据处理与计算。按《公路技术状况评定标准》(JTG 5210—2018)有关规定进行计算，应包含平整度指标的平均值，并经计算求得的每千米及各路段的道路行驶质量指数 RQI。

依据《公路技术状况评定标准》(JTG 5210—2018)，路面平整度用路面行驶质量指数 RQI 评价，按式(6-32)进行计算。

$$RQI = 100/(1+a_0 e^{a_1 IRI})$$ (6-32)

式中：IRI——国际平整度指数(m/km)；

a_0——高速公路、一级公路采用 0.026，其他等级公路采用 0.0185；

a_1——高速公路、一级公路采用 0.65，其他等级公路采用 0.58。

路面行驶质量用路面行驶质量指数 RQI 评价，评价等级见表6-10。

表 6-10　RQI 评定等级标准

评价等级	优	良	中	次	差
RQI	≥90	≥80，<90	≥70，<80	≥60，<70	<60
转换成 IRI	≤2.3	>2.3，≤3.5	>3.5，≤4.3	>4.3，≤5.0	>5.0

注：水泥混凝土路面行驶质量指数 RQI 等级划分标准应为"优"≥88，"良"为80~88，其他保持不变。

6.8　路面雷达测试系统试验

6.8.1　目的与适用范围

可用于桥面和高速公路路面检测、无损伤评估、桥面混凝土分层探测、路面层厚测量、高速公路坚硬路面下高湿度聚集区及空孔的探测等，可提供全面、完整及自动的雷达探测、数据采集及数据处理功能。

6.8.2　仪具与材料技术要求

雷达测试系统由承载车、发射天线、接收天线和控制单元等组成，其主要技术要求如下：
(1)距离标定误差不大于 0.1%；
(2)最小分辨层厚不大于 40 mm；
(3)天线：采用空气耦合方式，带宽能适应所选择的发射脉冲频率。

6.8.3　检测原理

以短脉冲雷达检测路基路面厚度为例，探地雷达系统中的发射天线向地下发出电磁脉波，此脉波在地下传播过程中遇到不同介质界面时产生反射，由接收天线接收的反射信号，转化为数字信息并传输到主机内,通过数据、图像处理,就能计算出反射体的某些参数,从而区分不同介质层面,并精确标定不同层面物体的深度(图6-2)。也就是说,厚度检测的基本原理是根据电磁脉冲在基层与底基层界面的反射时间 t 和传输速度 v,求出路面厚度 $S=t×v$。

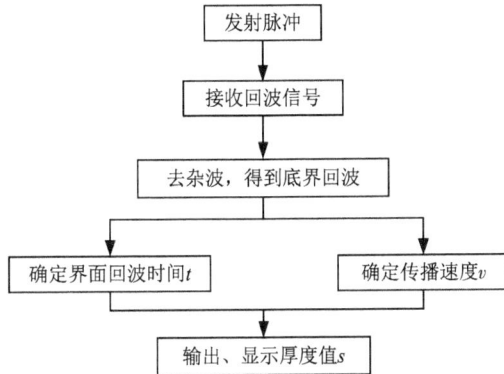

图 **6-2** 雷达测厚原理框图

在探地雷达法勘探中,电磁脉波通常近似为均匀平面波。其传播速度在高阻媒介中取决于媒介的相对介电常数 ε_r,见式(6-33):

$$v=C/\sqrt{\varepsilon r} \tag{6-33}$$

式中:C——电磁波在空气中的传播速度,取 300 mm/ns;

ε_r——介质的相对介电常数。

电磁脉波传播在遇到不同媒介界面时,其反射系数见式(6-34):

$$R=(\sqrt{\varepsilon_1}-\sqrt{\varepsilon_2})/(\sqrt{\varepsilon_1}+\sqrt{\varepsilon_2}) \tag{6-34}$$

由此可知,电磁脉波的反射系数取决于界面两边媒质的相对介电常数的差异,差异越大,反射系数越大。

表 **6-11**　介质物性差异表

介质结构	介电常数
沥青层	3~5
空气	1

6.8.4　检测频率及特点

路面沥青层厚度由 GSSI SIR-10H 型道路雷达探测系统测试,探测雷达天线频率为 2.5 GHz,测试时每 10 m 输出一个数值。

由此可见,路面雷达测试系统有精度高、检查速度快、可得到连续的地下剖面情况、不受表面覆盖层与多层的影响、不必封锁交通、对道路无损、非接触性的检测等优点。

6.8.5 方法与步骤

(1)将天线安装牢固,用连接线连接主机,并按要求开机预热。

(2)开启安全警示灯,将天线正下方对准起点,启动软件测试程序,缓慢加速承载车到正常测试速度。

(3)测试过程中,操作人员应标记测试路段内的桥梁、隧道等构造物的起终点。

(4)测试过程中,承载车每隔一定距离应完全停下,在采集软件上做标记,雷达图像应界面清晰、容易辨识且没有突变,同时在地面上找出雷达天线中心所对应的位置,做好标记;按《公路路基路面现场测试规程》(JTG 3450—2019)T 0912 的方法在标记处钻取芯样并量测芯样高度;将现场钻取的芯样高度与雷达采集软件的结果进行对比,得出芯样的波速;将该标定路段的芯样波速平均值输入测试程序;每个波速标定路段钻芯取样位置应均匀分布,取样间距不宜超过 5 km,芯样数量应足以保证波速标定结果的代表性和准确性。

(5)当承载车到达测试终点后,停止采集程序。

(6)操作人员检查数据文件,文件应完整,内容应正常,否则应重新测试。

(7)关闭测试系统电源,结束测试。

6.8.6 计算

由雷达波识别软件自动识别各层分界线,得到雷达波在各层中的双程走时 Δt。根据该双程走时以及电磁波在路面材料中的传播速度,按照式(6-35)计算面层厚度:

$$T = v \times \Delta t / 2 \tag{6-35}$$

式中:T——面层厚度(mm);

$\quad\quad v$——电磁波在路面材料中的传播速度(mm/ns);

$\quad\quad \Delta t$——雷达波在路面面层中的双程走时时间(ns)。

典型例题

例 6-1 某一公路路基压实质量检验,经检测各点(共 12 个测点)的干密度分别为 1.72 g/cm³、1.69 g/cm³、1.71 g/cm³、1.76 g/cm³、1.78 g/cm³、1.76 g/cm³、1.68 g/cm³、1.75 g/cm³、1.74 g/cm³、1.73 g/cm³、1.73 g/cm³、1.70 g/cm³,最大干密度为 1.82 g/cm³,试按 95% 的保证率评定该路段的压实质量是否满足要求(压实度标准为 93%;$n = 12$ 时,查表得:$t_\alpha / \sqrt{n} = 0.518$)。

解:

(1)计算各测点的压实度 K_i(%):

94.5　92.9　94.0　96.7　97.8　96.7　92.3　96.2　95.6　95.1　95.1　93.4

(2)计算平均值 $\overline{K}$ 和标准偏差 S:

$\overline{K} = 95.0\%$, $S = 1.68\%$

(3)计算代表值:

当保证率为 95%,

$K = \overline{K} - t_\alpha / \sqrt{n} \cdot S$

$\quad = 95.0 - 0.518 \times 1.68 = 94.1\%$

（4）评定：

$K_0 = 93\%$

因 $K > K_0$ 且 $K_{imin} = 92.3\% > 88\%$（极值标准）

所以该评定路段的压实质量满足要求。

例 6-2 某二级公路路基压实施工中，用灌砂法测定压实度，测得灌砂筒内量砂质量为 5820 g，填满标定罐所需砂的质量为 3885 g，测定砂锥的质量为 615 g，标定罐的体积为 3035 cm³，灌砂后称灌砂筒内剩余砂质量为 1314 g，试坑挖出湿土重为 5867 g，烘干土重为 5036 g，室内击实试验得最大干密度为 1.68 g/cm³，试求该测点压实度和含水量。

解：

砂的密度：$\gamma_s = \dfrac{3885}{3035} = 1.28 \, (\text{g/cm}^3)$

填满试坑砂的质量：$m_b = m_1 - m_4 - m_2$

$\qquad\qquad\qquad\qquad = 5820 - 1314 - 615 = 3891 \, (\text{g})$

土体湿密度：$\rho_w = \dfrac{m_w}{m_b} \cdot \gamma_s$

$\qquad\qquad\qquad = 5867/3891 \times 1.28 = 1.93 \, (\text{g/cm}^3)$

土体含水量：$w = \dfrac{m_w - m_d}{m_d} = \dfrac{5867 - 5036}{5036} = 16.5\%$

土体干密度：$\rho_d = \dfrac{\rho_w}{1 + 0.1w} = 1.657 \, (\text{g/cm}^3)$

压实度：$K = \dfrac{\rho_w}{\rho_0} = \dfrac{1.657}{1.68} = 98.6\%$

例 6-3 某一级公路水泥稳定砂砾基层压实厚度检测值分别为 21.5 cm、22.6 cm、20.3 cm、19.7 cm、18.2 cm、20.6 cm、21.3 cm、21.8 cm、22.0 cm、20.3 cm、23.1 cm、22.4 cm、19.0 cm、19.2 cm、17.6 cm、22.6 cm，请按保证率 99% 计算其厚度的代表值（已知：$t_{0.95}/\sqrt{16} = 0.438$，$t_{0.99}/\sqrt{16} = 0.651$）。

解：

$\overline{h} = 20.8 \, (\text{cm}) \qquad S = 1.67 \, (\text{cm})$

厚度代表值：$h_r = \overline{h} - t_{0.99}/\sqrt{16} \times S = 20.8 - 0.651 \times 1.67 = 19.7 \, (\text{cm})$

例 6-4 测定路面平整度常用的方法有哪些？各方法适用场合是什么？

常用的方法有：

（1）3 m 直尺法，用于测定压实成型的路基、路面各层表面平整度以评定路面的施工质量及使用质量，根据"评定标准"规定，不能用于测定高速公路、一级公路沥青混凝土面层和水泥混凝土面层的平整度。

（2）连续式平整度仪：用于测定路表面的平整度，评定路面的施工质量和使用质量，但不适用于已有较多的坑槽、破损严重的路面上测定。

（3）车载式颠簸累积仪：适用于测定路面表面的平整度，以评定路面的施工质量和使用期的舒适性，但不适用于已有较多坑槽、破坏严重的路面上测定。

例 6-5 灌砂法测定压实度的适用范围是什么？检测时应注意哪些问题？

(1)灌砂法适用范围。

适用于在现场测定基层(或底基层)，砂石路面及路基土的各种材料压实层的密度和压实度，也适用于沥青表面处置、沥青贯入式面层的密度和压实度检测，但不适用于填石路堤等有大孔洞或大孔隙材料的压实度检测。

(2)检测时应注意以下问题。

①量砂要规则；

②每换一次量砂都必须测定松方密度，漏斗中砂的数量也应每次重做；

③地表面处理要平整，表面粗糙时，一般宜放上基板，先测定粗糙表面消耗的量砂；

④在挖坑时试坑周壁应笔直，避免出现上大下小或上小下大的情形。

灌砂时检测厚度应为整个碾压厚度。

例 6-6 试述路面厚度的检测方法和评定方法。

(1)检测方法。

路面厚度的检测方法有挖坑法和钻孔取样法。往往与灌砂法(水袋法)、钻芯法测定压实度同步进行。

(2)评定方法。

计算厚度代表值：$x_1 = \bar{x} - \dfrac{t_\alpha S}{\sqrt{n}}$

当厚度代表值大于或等于设计厚度减去代表值允许偏差时，则按单个检查值的偏差不超过单点合格值来计算合格率；当厚度代表值小于设计厚度减去代表值允许偏差时，该评定路段厚度不合格，相应分项工程应评为不合格。

思考与练习

1.沥青路面压实度的影响因素有哪些？沥青路面压实度不足会引起哪些病害？

2.怎样保证沥青路面的渗水性能？

3.从施工工艺角度谈谈为保障沥青路面平整的具体措施。

4.回弹弯沉值的测定受哪些影响？路表设计弯沉值应考虑哪些方面的因素？

5.路面铺筑完成前应从哪些方面保证路表面的抗滑性能？

第7章 公路工程集料性能试验与检测技术

7.1 粗集料取样法

7.1.1 取样方法和试样份数

（1）通过皮带运输机的材料如采石场的生产线、沥青拌和楼的冷料输送带、无机结合料稳定集料、级配碎石混合料等，应从皮带运输机上采集样品。取样时，可在皮带运输机骤停的状态下取其中一截的全部材料（图7-1），或在皮带运输机的端部连续接一定时间的料得到，将间隔3次以上所取的试样组成一组试样，作为代表性试样。

图7-1 在皮带运输机上取样的方法

（2）在材料场同批来料的料堆上取样时，应先铲除堆脚等处无代表性的部分，再在料堆的顶部、中部和底部，从均匀分布的几个不同部位取得大致相等的若干份组成一组试样，务必使所取试样能代表本批来料的情况和品质。

（3）从火车、汽车、货船上取样时，应从各不同部位和深度处，抽取大致相等的试样若干份组成一组试样。抽取的具体份数，应视能够组成本批来料代表样的需要而定。

①如经观察，认为各节车皮、汽车或货船的碎石或砾石的品质差异不大时，允许只抽取一节车皮、一部汽车、一艘货船的试样（即一组试样），作为该批集料的代表样品。

②如经观察，认为该批碎石或砾石的品质相差甚远时，则应对品质有怀疑的该批集料，分别取样和验收。

（4）从沥青拌和楼的热料仓取样时，应在放料口的全断面上取样。通常宜将一开始按正式生产的配比投料拌和的几锅（至少5锅）废弃，然后分别将每个热料仓放出至装载机上，倒在水泥地上，适当拌和，从3处以上的位置取样，拌和均匀，取要求数量的试样。

7.1.2 取样数量

对每一单项试验，每组试样的取样数量宜不少于表7-1所规定的最少取样量。需做几项试验时，如确能保证试样经一项试验后不致影响另一项试验的结果时，可用同一组试样进行几项不同的试验。

表7-1 各试验项目所需粗集料的最小取样质量

单位：kg

试验项目	相对于下列公称最大粒径/mm 的最小取样量(kg)										
	4.75	9.5	13.2	16	19	26.5	31.5	37.5	53	63	75
筛分	8	10	12.5	15	20	20	30	40	50	60	80
表观密度	6	8	8	8	8	8	12	16	20	24	24
含水率	2	2	2	2	2	2	3	3	4	4	6
吸水率	2	2	2	2	4	4	4	6	6	6	8
堆积密度	40	40	40	40	40	40	80	80	100	120	120
含泥量	8	8	8	8	24	24	40	40	60	80	80
泥块含量	8	8	8	8	24	24	40	40	60	80	80
针片状含量	0.6	1.2	2.5	4	8	8	20	40	—	—	—
硫化物、硫酸盐	1.0										

注：①有机物含量、坚固性及压碎指标值试验应按规定粒级要求取样，其试验所需试样数量，按《公路工程集料试验规程》(JTG E42—2005)有关规定施行。②采用广口瓶法测定表观密度时，集料最大粒径不大于40 mm 者，其最少取样数量为8 kg。

7.1.3 试样缩分

(1)分料器法：将试样拌匀后，通过分料器分为大致相等的两份，再取其中的一份分成两份，缩分至需要的数量为止。

(2)四分法：将所取试样置于平板上，在自然状态下拌和均匀，大致摊平，然后沿互相垂直的两个方向，把试样由中向边摊开，分成大致相等的四份，取其对角的两份重新拌匀，重复上述过程，直至缩分后的材料量略多于进行试验所必需的量。

(3)缩分后的试样数量应符合各项试验规定数量的要求。

7.1.4 试样包装

每组试样应采用能避免细料散失及防止污染的容器包装，并附卡片标明试样编号、取样时间、产地、规格、试样代表数量、试样品质、要求检验项目及取样方法等。

7.2　岩石单轴抗压强度试验

7.2.1　目的与适用范围

（1）单轴抗压强度试验是测定规则形状岩石试件单轴抗压强度的方法，主要用于岩石的强度分级和岩性描述。

（2）本法采用饱和状态下的岩石立方体（或圆柱体）试件的抗压强度来评定岩石强度（包括碎石或卵石的原始岩石强度）。

（3）在某些情况下，试件含水状态还可根据需要选择天然状态、烘干状态或冻融循环后状态。试件的含水状态要在试验报告中注明。

7.2.2　仪器设备

（1）压力试验机或万能试验机。

（2）钻石机、切石机、磨石机等岩石试件加工设备。

（3）烘箱、干燥器、游标卡尺、角尺及水池等。

7.2.3　试件制备

（1）建筑地基的岩石试验，采用圆柱体作为标准试件，直径为 50 mm±2 mm，高径比为 2∶1。每组试件共 6 个。

（2）桥梁工程用的石料试验，采用立方体试件，边长为 70 mm±2 mm。每组试件共 6 个。

（3）路面工程用的石料试验，采用圆柱体或立方体试件，其直径或边长和高均为 50 mm±2 mm。每组试件共 6 个。

有显著层理的岩石，分别沿平行和垂直层理方向各取试件 6 个。试件上、下端面应平行和磨平，试件端面的平面度公差应小于 0.05 mm，端面对于试件轴线垂直度偏差不应超过 0.25°。对于非标准圆柱体试件，试验后抗压强度试验值按 $R_e = \dfrac{8R}{7+2D/H}$ 进行换算。

7.2.4　试验步骤

（1）用游标卡尺量取试件尺寸（精确至 0.1 mm），对立方体试件在顶面和底面上的各量取其边长，以各个面上相互平行的两个边长的算术平均值计算其承压面积；对于圆柱体试件在顶面和底面则分别测量两个相互正交的直径，并以其各自的算术平均值分别计算底面和顶面的面积，取其顶面和底面面积的算术平均值作为计算抗压强度所用的截面积。

（2）试件的含水状态可根据需要选择烘干状态、天然状态、饱和状态、冻融循环后状态。试件烘干和饱和状态应符合《公路工程岩石试验规程》（JTG 3434—2024）T 0205 中相关条款的规定，试件冻融循环后状态应符合《公路工程岩石试验规程》（JTG 3434—2024）T 0241 中相关条款的规定。

（3）按岩石强度性质，选定合适的压力机。将试件置于压力机的承压板中央，对正上、下承压板，注意不得偏心。

(4)以 0.5~1.0 MPa/s 的速率进行加荷直至破坏,记录破坏荷载及加载过程中出现的现象。抗压试件试验的最大荷载记录以 N 为单位,精度为 1%。

7.2.5 结果整理

(1)岩石的抗压强度和软化系数按式(7-1)、式(7-2)计算。

$$R = \frac{P}{A} \tag{7-1}$$

式中:R——岩石的抗压强度(MPa);

P——试件破坏时的荷载(N);

A——试件的截面积(mm^2)。

$$K_P = \frac{R_w}{R_d} \tag{7-2}$$

式中:K_P——软化系数;

R_w——岩石饱和状态下的单轴抗压强度(MPa);

R_d——岩石烘干状态下的单轴抗压强度(MPa)。

(2)单轴抗压强度试验结果,应同时列出每个试件的试验值及同组岩石单轴抗压强度的平均值;有显著层理的岩石,分别报告垂直与平行层理方向的试件强度的平均值。计算值精确至 0.1 MPa。

软化系数计算值精确至 0.01,3 个试件平行测定,取算术平均值;3 个值中最大与最小之差不应超过平均值的 20%,否则,应另取第 4 个试件,并在 4 个试件中取最接近的 3 个值的平均值作为试验结果,同时在报告中将 4 个值全部给出。

(3)试验记录。

单轴抗压强度试验记录应包括岩石名称、试验编号、试件编号、试件描述、试件尺寸、破坏荷载、破坏形态。

7.3 粗集料磨耗试验(洛杉矶法)

7.3.1 目的与适用范围

(1)测定标准条件下粗集料抵抗摩擦、撞击的能力,以磨耗损失(%)表示。

(2)本方法适用于各种等级规格集料的磨耗试验。

7.3.2 仪器设备

(1)洛杉矶磨耗试验机。

(2)钢球。

(3)台秤:感量 5 g。

(4)标准筛:符合要求的标准筛系列,以及筛孔为 1.7 mm 的方孔筛一个。

(5)烘箱:能使温度控制在 105℃±5℃范围内。

(6)容器:搪瓷盘等。

7.3.3 试验步骤

（1）将不同规格的集料用水冲洗干净，置烘箱中烘干至恒重。

（2）对所使用的集料，根据实际情况按表7-2选择最接近的粒级类别，确定相应的试验条件，按规定的粒级组成备料、筛分。其中水泥混凝土用集料宜采用A级粒度；沥青路面及各种基层、底基层的粗集料，表中的16 mm筛孔也可用13.2 mm筛孔代替。对于非规格材料，应根据材料的实际粒度，从表7-2中选择最接近的粒级类别及试验条件。

表7-2 粗集料洛杉矶试验条件

粒度类别	粒级组成（方孔筛）/g	试样质量/g	试样总质量/g	钢球数量/个	钢球总质量/g	转动次数/转	适用的粗集料	
							规格	公称粒径/mm
A	26.5~37.5 19.0~26.5 16.0~19.0 9.5~16.0	1250±25 1250±25 1250±10 1250±10	5000±10	12	5000±25	500		
B	19.0~26.5 16.0~19.0	2500±10 2500±10	5000±10	11	4850±25	500	S6 S7 S8	15~30 10~30 10~25
C	9.5~16.0 4.75~9.5	2500±10 2500±10	5000±10	8	3330±20	500	S9 S10 S11 S12	10~20 10~15 5~15 5~10
D	2.36~4.75	5000±10	5000±10	6	2500±15	500	S13 S14	3~10 3~5
E	63~75 53~63 37.5~53	2500±50 2500±50 5000±50	10000±100	12	5000±25	1000	S1 S2	40~75 40~60
F	37.5~53 26.5~37.5	5000±50 5000±25	10000±75	12	5000±25	1000	S3 S4	30~60 25~50
G	26.5~37.5 19~26.5	5000±25 5000±25	10000±50	12	5000±25	1000	S5	20~40

注：①表中16 mm也可用13.2 mm代替。

②A级适用于未筛碎石混合料及水泥混凝土用集料。

③C级中S12可全部采用4.75~9.5 mm颗粒5000 g；S9及S10可全部采用9.5~16 mm颗粒5000 g。

④E级中S2中缺63~75 mm颗粒可用53~63 mm颗粒代替。

（3）分级称量（精确至5 g），称取总质量（m_1），装入磨耗机圆筒中。

（4）选择钢球，使钢球的数量及总质量符合表7-2中的规定。将钢球加入钢筒中，盖好筒盖，紧固密封。

（5）将计数器调整到零位，设定要求的回转次数，对水泥混凝土集料，回转次数为500转，对沥青混合料集料，回转次数应符合表7-2的要求。开动磨耗机，以30~33 r/min的转速转动至要求的回转次数为止。

（6）取出钢球，将经过磨耗后的试样从投料口倒入接受容器（搪瓷盘）中。

（7）将试样用1.7 mm的方孔筛过筛，筛去试样中被撞击磨碎的细屑。

（8）用水冲干净留在筛上的碎石，置105℃±5℃烘箱中烘干至恒重（通常不少于4 h），准确称量（m_2）。

7.3.4 结果整理

（1）按式（7-3）计算粗集料洛杉矶磨耗损失，精确至0.1%。

$$Q = \frac{m_1 - m_2}{m_1} \times 100 \qquad (7-3)$$

式中：Q——洛杉矶磨耗损失（%）；

$\quad\quad m_1$——装入圆筒中的试样质量（g）；

$\quad\quad m_2$——试验后在1.7 mm（方孔筛）或2 mm（圆孔筛）筛上的洗净烘干的试样质量（g）。

7.3.5 注意事项

（1）试验报告应记录所使用的粒级类别和试验条件。

（2）粗集料的磨耗损失取两次平行试验结果的算术平均值为测定值，两次试验的差值应不大于2%，否则须重做试验。

7.4 粗集料压碎值试验

7.4.1 目的与适用范围

集料压碎值用于衡量石料在逐渐增加的荷载下抵抗压碎的能力，是衡量石料力学性质的指标，以评定其在公路工程中的适用性。

7.4.2 仪具与材料

（1）石料压碎值试验仪：由内径150 mm、两端开口的钢制圆形试筒、压柱和底板组成，其尺寸见表7-3。试筒内壁、压柱的底面及底板的上表面等与石料接触的表面都应进行热处理，使表面硬化，达到维氏硬度65并保持光滑状态。

表7-3 试筒、压柱和底板尺寸

部位	符号	名称	尺寸/mm
试筒	A	内径	150±0.3
	B	高度	125~128
	C	壁厚	≥12

续表7-3

部位	符号	名称	尺寸/mm
压柱	D	压头直径	149±0.2
	E	压杆直径	100~149
	F	压柱总长	100~110
	G	压头厚度	≥25
底板	H	直径	200~220
	I	厚度(中间部分)	6.4±0.2
	J	边缘厚度	10±0.2

(2)金属棒:直径 10 mm,长 450~600 mm,一端加工成半球形。

(3)天平:称量 2~3 kg,感量不大于 1 g。

(4)标准筛:筛孔尺寸 13.2 mm、9.5 mm、2.36 mm 方孔筛各一个。

(5)压力机:500 kN,应能在 10 min 内达到 400 kN。

(6)金属筒:圆柱形,内径 112.0 mm,高 179.4 mm,容积 1767 cm^3。

7.4.3 试验准备

(1)采用风干石料用 13.2 mm 和 9.5 mm 标准筛过筛,取 9.5~13.2 mm 的试样 3 组各 3000 g,供试验用。如过于潮湿需加热烘干时,烘箱温度不得超过 100℃,烘干时间不超过 4 h。试验前,石料应冷却至室温。

(2)每次试验的石料数量应满足:按下述方法夯击后石料在试筒内的深度为 10 cm。

在金属筒中确定石料数量的方法如下:

将试样分 3 次(每次数量大体相同)均匀装入试模中,每次均将试样表面整平,用金属棒的半球面端从石料表面上均匀捣实 25 次。最后用金属棒作为直刮刀将表面仔细整平。称取量筒中试样质量(m_0)。以相同质量的试样进行压碎值的平行试验。

7.4.4 试验步骤

(1)将试筒安放在底板上。

(2)将要求质量的试样分 3 次(每次数量大体相同)均匀装入试模中,每次均将试样表面整平,用金属棒的半球面端从石料表面上均匀捣实 25 次。最后用金属棒作为直刮刀将表面仔细整平。

(3)将装有试样的试模放到压力机上,同时加压头放入试筒内石料面上,注意使压头摆平,勿楔挤试模侧壁。

(4)开动压力机,均匀地施加荷载,在 10 min 左右的时间内达到总荷载 400 kN,稳压 5 s,然后卸荷。

(5)将试模从压力机上取下,取出试样。

(6)用 2.36 mm 标准筛筛分经压碎的全部试样,可分几次筛分,均需筛到在 1 min 内无明显的筛出物为止。

(7)称取通过 2.36 mm 筛孔的全部细料质量(m_1)，精确至 1 g。

7.4.5 计算

石料压碎值按式(7-4)计算，精确至 0.1%。

$$Q'_a = m_1/m_0 \times 100 \tag{7-4}$$

式中：Q'_a——石料压碎值(%)；

  m_0——试验前试样质量(g)；

  m_1——试验后通过 2.36 mm 筛孔的细料质量(g)。

以 3 个试样平行试验结果的算术平均值作为压碎值的测定值。

7.5 粗集料密度试验(网篮法)

7.5.1 试验目的

本方法适用于测定各种粗集料的表观相对密度、表干相对密度、毛体积相对密度、表观密度、表干密度、毛体积密度。为水泥混凝土配合比或沥青混合料配合比设计提供数据。

7.5.2 仪器设备

天平或浸水天平、吊篮、溢流水槽、烘箱、温度计、标准筛、盛水容器、毛巾、刷子等。

7.5.3 试验步骤

(1)试验准备。

①将试样用标准筛过筛除去其中的细集料，对较粗的粗集料可用 4.75 mm 筛过筛，对 2.36~4.75 mm 集料，或者混在 4.75 mm 以下石屑中的粗集料，则用 2.36 mm 标准筛过筛，用四分法或分料器法缩分至要求的质量，分两份备用。对于沥青路面用粗集料，应对不同规格的集料分别测定，不得混杂，所取的每一份集料试样应基本上保持原有的级配。在测定 2.36~4.75 mm 的粗集料时，试验过程中应特别小心，不得丢失集料。

②经缩分后供测定密度和吸水率的粗集料质量应符合表 7-4 的规定。

表 7-4 测定密度所需要的试样最小质量

公称最大粒径/mm	4.75	9.5	16	19	26.5	31.5	37.5	63	75
每一份试样的最小质量/kg	0.8	1	1	1	1.5	1.5	2	3	3

③将每一份集料试样浸泡在水中，并适当搅动，仔细洗去附在集料表面的尘土和石粉，经多次漂洗干净至水完全清澈为止。清洗过程中不得散失集料颗粒。

(2)试验步骤。

①取试样一份装入干净的搪瓷盘中，注入洁净的水，水面至少应高出试样 20 mm，轻轻

搅动石料,使附着在石料上的气泡完全逸出。在室温下保持浸水 24 h。

②将吊篮挂在天平的吊钩上,浸入溢流水槽中,向溢流水槽中注水,水面高度至水槽的溢流孔,将天平调零。吊篮的筛网应保证集料不会通过筛孔流失,对 2.36~4.75 mm 粗集料应更换小孔筛网,或在网篮中放入一个浅盘。

③调节水温在 15~25℃ 范围内。将试样移入吊篮中。溢流水槽中的水面高度由水槽的溢流孔控制,维持不变。称取集料的水中质量(m_w)。

④提起吊篮,稍稍滴水后,较粗的粗集料可以直接倒在拧干的湿毛巾上,将较细的粗集料(2.36~4.75 mm)连同浅盘一起取出,稍稍倾斜搪瓷盘,仔细倒出余水,将粗集料倒在拧干的湿毛巾上,用毛巾吸走从集料中漏出的自由水。此步骤需特别注意不得有颗料丢失,或有小颗粒附在吊篮上。再用拧干的湿毛巾轻轻擦干集料颗粒的表面水,至表面看不到发亮的水迹,即饱和面干状态。当粗集料尺寸较大时,宜逐颗擦干。对 2.36~4.75 mm 集料,用毛巾擦拭时容易黏附细颗粒集料从而造成集料损失,此时宜改用洁净的纯棉汗衫布擦拭至表干状态。

⑤立刻在保持表干状态下,称取集料的表干质量(m_f)。

⑥将集料置于浅盘中,放入 105℃±5℃ 的烘箱中烘干至恒重。取出浅盘,放在带盖的容器中冷却至室温,称取集料的烘干质量(m_a)。

⑦对于同一规格的集料应平行试验两次,取平均值作为试验结果。

7.5.4 计算

(1)表观相对密度 γ_a、表干相对密度 γ_s、毛体积相对密度 γ_b 分别按式(7-5)、式(7-6)、式(7-7)计算至小数点后 3 位。

$$\gamma_a = \frac{m_a}{m_a - m_w} \tag{7-5}$$

$$\gamma_s = \frac{m_f}{m_f - m_w} \tag{7-6}$$

$$\gamma_b = \frac{m_a}{m_f - m_w} \tag{7-7}$$

式中:γ_a——集料的表观相对密度,无量纲;

γ_s——集料的表干相对密度,无量纲;

γ_b——集料的毛体积相对密度,无量纲;

m_a——集料的烘干质量(g);

m_f——集料的表干质量(g);

m_w——集料的水中质量(g)。

(2)集料的吸水率以烘干试样为基准,按式(7-8)计算,精确至 0.01%。

$$\omega_x = \frac{m_f - m_a}{m_a} \times 100 \tag{7-8}$$

式中:ω_x——粗集料的吸水率(%)。

(3)粗集料的表观密度 ρ_a、表干密度 ρ_s、毛体积密度 ρ_b 分别按式(7-9)、式(7-10)、式(7-11)计算,精确至小数点后 3 位。

$$\rho_a = \gamma_a \times \rho_T \text{ 或 } \rho_a = (\gamma_a - a_T) \times \rho_w \qquad (7-9)$$

$$\rho_s = \gamma_s \times \rho_T \text{ 或 } \rho_s = (\gamma_s - a_T) \times \rho_w \qquad (7-10)$$

$$\rho_b = \gamma_b \times \rho_T \text{ 或 } \rho_b = (\gamma_b - a_T) \times \rho_w \qquad (7-11)$$

式中：ρ_a——粗集料的表观密度（g/cm³）；

$\quad\quad \rho_s$——粗集料的表干密度（g/cm³）；

$\quad\quad \rho_b$——粗集料的毛体积密度（g/cm³）；

$\quad\quad \rho_T$——试验温度 T 时水的密度（g/cm³），按表 7-5 选用；

$\quad\quad a_T$——试验温度 T 时的水温修正系数，按表 7-5 选用；

$\quad\quad \rho_w$——水在 4℃ 时的密度（1.000 g/cm³）。

表 7-5　不同水温时水的密度 ρ_T 及水温修正系数 a_T

水温/℃	15	16	17	18	19	20
水的密度 ρ_T/(g·cm⁻³)	0.99913	0.99897	0.99880	0.99862	0.99843	0.99822
水温修正系数 a_T	0.002	0.003	0.003	0.004	0.004	0.005
水温/℃	21	22	23	24	25	
水的密度 ρ_T/(g·cm⁻³)	0.99802	0.99779	0.99756	0.99733	0.99702	
水温修正系数 a_T	0.005	0.006	0.006	0.007	0.007	

7.5.5　注意事项

（1）对于沥青路面用粗集料，应对不同规格的集料分别测定，不得混杂，所取的每一份集料试样应基本上保持原有的级配。

（2）清洗过程与用毛巾擦拭过程中不得散失集料颗粒。

（3）对于同一规格的集料应平行试验两次，取平均值作为试验结果。两次结果之差相对密度不得超过 0.02，吸水率不得超过 0.2%。

7.6　粗集料堆积密度及空隙率试验

7.6.1　试验目的

测定粗集料的堆积密度，包括自然堆积状态、振实状态、捣实状态下的堆积密度，以及堆积状态下的空隙率（或间隙率），可为配合比设计提供数据。

7.6.2　仪器设备

（1）天平或台秤：感量不大于称量的 0.1%。

（2）容量筒：适用于粗集料堆积密度测定的容量筒应符合表 7-6 的要求。

表 7-6 容量筒的规格要求

粗集料公称最大粒径 /mm	容量筒容积 /L	容量筒规格/mm			筒壁厚度 /mm
		内径	净高	底厚	
≤4.75	3	155±2	160±2	5.0	2.5
9.5~26.5	10	205±2	305±2	5.0	2.5
31.5~37.5	15	255±5	295±5	5.0	3.0
≥53	20	355±5	305±5	5.0	3.0

(3)平头铁锹。

(4)烘箱:能控温 105℃±5℃。

(5)振动台:频率为 3000 次/min±200 次/min,负荷下的振幅为 0.35 mm,空载时的振幅为 0.5 mm。

(6)捣棒:直径 16 mm,长 600 mm,一端为圆头的钢棒。

7.6.3 试验步骤

(1)按粗集料的取样方法取样、缩分,质量应满足试验要求,在 105℃±5℃的烘箱中烘干,也可以摊在清洁的地面上风干,拌匀后分成两份备用。

(2)称取容量筒的质量(m_1)。

(3)容量筒容积的标定。

用水装满容量筒,测量水温,擦干筒外壁的水分,称取容量筒与水的总质量(m_w),并按水的密度对容量筒的容积做校正。

$$V = \frac{m_w - m_1}{\rho_T} \qquad (7-12)$$

式中:V——容量筒的容积(L);

m_1——容量筒的质量(kg);

m_w——容量筒与水的总质量(kg);

ρ_T——试验温度 T 时水的密度(g/cm³),按表 7-5 选用。

(4)自然堆积密度。

取试样 1 份,置于平整干净的水泥地(或铁板)上,用平头铁锹铲起试样,使石子自由落入容量筒内。此时,从铁锹的齐口至容量筒上口的距离应保持在 50 mm 左右,装满容量筒并除去凸出筒口表面的颗粒,并以合适的颗粒填入凹陷空隙,使表面稍凸起部分和凹陷部分的体积大致相等,称取试样和容量筒总质量(m_2)。

(5)振实密度。

按堆积密度试验步骤,将装满试样的容量筒放在振动台上,振动 3 min,或者将试样分三层装入容量筒:装完一层后,在筒底垫放一根直径为 25 mm 的圆钢筋,将筒按住,左右交替颠击地面各 25 下;然后装入第二层,用同样的方法颠实(但筒底所垫钢筋的方向应与第一层放置方向垂直);最后装入第三层,用同样的方法颠实。待三层试样装填完毕后,加料填到试样超出容量筒口,用钢筋沿筒口边缘滚转,刮下高出筒口的颗粒,用合适的颗粒填平凹处,使表面稍凸起部分和凹陷部分的体积大致相等,称取试样和容量筒总质量(m_2)。

(6)捣实密度。

根据沥青混合料的类型和公称最大粒径,确定起骨架作用的关键性筛孔(通常为4.75 mm 或 2.36 mm 等)。将矿料混合料中此筛孔以上颗粒筛出,作为试样装入符合要求规格的容器中达 1/3 的高度,由边至中用捣棒均匀捣实 25 次。再向容器中装入 1/3 高度的试样,用捣棒均匀地捣实 25 次,捣实深度约至下层的表面。然后重复上一步骤,加最后一层,捣实 25 次,使集料与容器口齐平。用合适的集料填充表面的大空隙,用直尺大体刮平,目测估计表面凸起部分与凹陷部分的容积大致相等,称取容量筒与试样的总质量(m_2)。

7.6.4 结果整理

(1)堆积密度(包括自然堆积状态、振实状态、捣实状态下的堆积密度)按式(7-13)计算至小数点后 2 位。

$$\rho = \frac{m_2 - m_1}{V} \qquad (7\text{-}13)$$

式中:ρ——与各种状态相对应的堆积密度(t/m^3);

$\quad m_1$——容量筒的质量(kg);

$\quad m_2$——容量筒与试样的总质量(kg);

$\quad V$——容量筒的容积(L)。

(2)水泥混凝土用粗集料振实状态下的空隙率按式(7-14)计算。

$$V_c = \left(1 - \frac{\rho}{\rho_a}\right) \times 100 \qquad (7\text{-}14)$$

式中:V_c——水泥混凝土用粗集料的空隙率(%);

$\quad \rho_a$——粗集料的表观密度(t/m^3);

$\quad \rho$——按振实法测定的粗集料的堆积密度(t/m^3)。

(3)沥青混合料用粗集料骨架捣实状态下的间隙率按式(7-15)计算。

$$VCA_{DRC} = \left(1 - \frac{\rho}{\rho_b}\right) \times 100 \qquad (7\text{-}15)$$

式中:VCA_{DRC}——捣实状态下粗集料骨架空隙率(%);

$\quad \rho_b$——粗集料的毛体积密度(t/m^3);

$\quad \rho$——按捣实法测定的粗集料的自然堆积密度(t/m^3)。

7.6.5 注意事项

水泥混凝土配合比设计时采用空隙率 V_c,而沥青玛蹄脂碎石混合料(SMA)进行配合比设计时采用间隙率 VCA_{DRC}。

7.7 细集料表观密度试验(容量瓶法)

7.7.1 试验目的

(1)用容量瓶法测定细集料(天然砂、石屑、机制砂)在 23℃时对水的表观相对密度和表观密度。本方法适用于含有少量粒径大于 2.36 mm 的细集料。

（2）为配合比设计提供数据。

7.7.2 仪器设备

（1）天平：称量 1 kg，感量不大于 1 g。

（2）容量瓶：500 mL。

（3）烘箱：能控温在 105℃±5℃。

（4）烧杯：500 mL。

（5）洁净水。

（6）其他：干燥器、浅盘、铝制料勺、温度计等。

7.7.3 试验步骤

（1）将缩分至 650 g 左右的试样在温度为 105℃±5℃ 的烘箱中烘干至恒重，并在干燥器内冷却至室温，分成两份备用。

（2）称取烘干的试样约 300 g（m_0），装入盛有半瓶洁净水的容量瓶中。

（3）摇转容量瓶，使试样在已保温至 23℃±1.7℃ 的水中充分搅动以排除气泡，塞紧瓶塞，在恒温条件下静置 24 h 左右，然后用滴管添水，使水面与瓶颈刻度线平齐，再塞紧瓶塞，擦干瓶外水分，称其总质量（m_2）。

（4）倒出瓶中的水和试样，将瓶的内外表面洗净，再向瓶内注入同样温度的洁净水（温差不超过 2℃）至瓶颈刻度线，塞紧瓶塞，擦干瓶外水分，称其总质量（m_1）。

7.7.4 结果整理

（1）细集料的表观相对密度按式（7-16）计算至小数点后 3 位。

$$\gamma_a = \frac{m_0}{m_0 + m_1 - m_2} \tag{7-16}$$

式中：γ_a——细集料的表观相对密度，无量纲；

　　　m_0——试样的烘干质量（g）；

　　　m_1——水及容量瓶总质量（g）；

　　　m_2——试样、水及容量瓶总质量（g）。

（2）表观密度 ρ_a 按式（7-17）计算，精确至小数点后 3 位。

$$\rho_a = \gamma_a \times \rho_T \quad \text{或} \quad \rho_a = (\gamma_a - a_T) \times \rho_w \tag{7-17}$$

式中：ρ_a——细集料的表观密度（g/cm³）；

　　　ρ_w——水在 4℃ 时的密度（1.000 g/cm³）；

　　　a_T——试验时水温 T 对水密度影响的修正系数，按表 7-5 选用；

　　　ρ_T——试验温度 T 时水的密度（g/cm³），按表 7-5 选用。

7.7.5 注意事项

（1）以两次平行试验结果的算术平均值作为测定值，如果两次结果之差值大于 0.01 g/cm³ 时，应重新取样进行试验。

(2)对于沥青路面的人工砂与石屑表观密度的测定宜采用李氏比重瓶法试验。

(3)在砂的表观密度试验过程中应测量并控制水的温度,试验期间的温差不得超过1℃。

7.8 细集料堆积密度及紧装密度试验

7.8.1 试验目的

测定砂自然状态下堆积密度、紧装密度及空隙率。

7.8.2 仪器设备

(1)台秤:称量5 kg,感量5 g。

(2)容量筒:圆筒形,容积约为1 L。

(3)标准漏斗。

(4)烘箱:能控温在105℃±5℃。

(5)其他:小勺、直尺、浅盘、玻璃板等。

7.8.3 试验步骤

(1)试样制备:用浅盘装来样约5 kg,在温度为105℃±5℃的烘箱中烘干至恒重,取出并冷却至室温,分成大致相等的两份备用。

(2)称取容量筒质量 m_0。

(3)容量筒容积的校正:以温度为20℃±5℃的洁净水装满容量筒,用玻璃板沿筒口滑移,使其紧贴水面,玻璃板与水面之间不得有空隙。擦干筒外壁水分,然后称量,用式(7-18)计算筒的容积 V。

$$V = m_2' - m_1' \qquad (7-18)$$

式中: V——容量筒的容积(mL);

m_1'——容量筒和玻璃板总质量(g);

m_2'——容量筒、玻璃板和水总质量(g)。

(4)堆积密度:将试样装入漏斗中,打开底部的活动门,将砂流入容量筒中,也可直接用小勺向容量筒中装试样,但漏斗出料口或料勺距容量筒筒口均应为50 mm左右,试样装满并超出容量筒筒口后,用直尺将多余的试样沿筒口中心线向两个相反方向刮平,称取质量(m_1)。

(5)紧装密度:取试样1份,分两层装入容量筒。装完一层后,在筒底垫放一根直径为10 mm的钢筋,将筒按住,左右交替颠击地面各25下,然后装入第二层。第二层装满后用同样方法颠实(但筒底所垫钢筋的方向应与第一层放置方向垂直)。两层装完并颠实后,添加试样超出容量筒筒口,然后用直尺将多余的试样沿筒口中心线向两个相反方向刮平,称其质量(m_2)。

7.8.4 结果整理

(1)堆积密度及紧装密度分别按式(7-19)和式(7-20)计算至小数点后3位。

$$\rho = \frac{m_1 - m_0}{V} \tag{7-19}$$

$$\rho' = \frac{m_2 - m_0}{V} \tag{7-20}$$

式中：ρ——砂的堆积密度（g/cm^3）；

ρ'——砂的紧装密度（g/cm^3）；

m_0——容量筒的质量（g）；

m_1——容量筒和堆积砂的总质量（g）；

m_2——容量筒和紧装砂的总质量（g）；

V——容量筒容积（mL）。

（2）砂的空隙率按式（7-21）计算，精确至 0.1%。

$$n = \left(1 - \frac{\rho}{\rho_a}\right) \times 100 \tag{7-21}$$

式中：n——砂的空隙率（%）；

ρ——砂的堆积或紧装密度（g/cm^3）；

ρ_a——砂的表观密度（g/cm^3）。

7.8.5 注意事项

（1）堆积密度或紧装密度以两次试验结果的算术平均值作为测定值。

（2）制备烘干试样如有结块，应在试验前先予捏碎。

7.9 细集料筛分试验

7.9.1 试验目的

（1）测定细集料（天然砂、人工砂、石屑）的颗粒级配及粗细程度。

（2）为混凝土配合比设计提供依据。

7.9.2 仪器设备

（1）标准筛。

（2）天平：称量 1000 g，感量不大于 0.5 g。

（3）摇筛机。

（4）烘箱：能控温在 105℃±5℃。

（5）其他：浅盘，硬、软毛刷等。

7.9.3 试验步骤

（1）试验准备：根据样品中最大粒径的大小，选用适宜的标准筛，通常为 9.5 mm 筛（水泥混凝土用天然砂）或 4.75 mm 筛（沥青路面及基层用天然砂、石屑、机制砂等）筛除其中的超粒径材料。然后将样品在潮湿状态下充分拌匀，用分料器法或四分法缩分至每份不少于

550 g 的试样两份，在 105℃±5℃ 的烘箱中烘干至恒重，冷却至室温后备用。

（2）水泥混凝土用砂（干筛法），按下列步骤筛分：

①准确称取烘干试样约 500 g（m_1），精确至 0.5 g，置于套筛的最上面，即 4.75 mm 筛上，将套筛装入摇筛机，摇筛约 10 min，然后取出套筛，再按筛孔大小顺序，从最大的筛号开始，在清洁的浅盘上逐个进行手筛，直到每分钟的筛出量不超过筛上剩余量的 0.1% 时为止，将筛出通过的颗粒并入下一号筛，和下一号筛中的试样一起过筛，以此顺序进行至各号筛全部筛完为止。

②称量各筛筛余试样的质量，精确至 0.5 g。所有各筛的分计筛余量和底盘中剩余量的总量与筛分前的试样总量，相差不得超过后者的 1%。

7.9.4　结果整理

（1）计算分计筛余百分率。

各号筛的分计筛余百分率为各号筛上的筛余量除以试样总量（m_1）的百分率，精确至 0.1%。

（2）计算累计筛余百分率。

各号筛的累计筛余百分率为该号筛及大于该号筛的各号筛的分计筛余百分率之和，精确至 0.1%。

（3）计算质量通过百分率。

各号筛的质量通过百分率等于 100 减去该号筛的累计筛余百分率，精确至 0.1%。

（4）根据各筛的累计筛余百分率或通过百分率，绘制级配曲线。

（5）天然砂的细度模数按式（7-22）计算，精确至 0.01。

$$M_x = \frac{(A_{0.15}+A_{0.3}+A_{0.6}+A_{1.18}+A_{2.36})-5A_{4.75}}{100-A_{4.75}} \qquad (7-22)$$

式中：M_x——砂的细度模数；

$A_{0.15}$，$A_{0.3}$，$\cdots$，$A_{4.75}$——0.15 mm，0.3 mm，$\cdots$，4.75 mm 各筛上的累计筛余百分率（%）。

7.9.5　注意事项

（1）应进行两次平行试验，以试验结果的算术平均值作为测定值。如两次试验所得的细度模数之差大于 0.2，应重新进行试验。

（2）此记录表与级配曲线图应根据水泥混凝土用砂填写各自的筛孔尺寸及采用的筛分参数并计算细度模数。

7.10　粗集料及集料混合料的筛分试验（干筛法）

7.10.1　试验目的

（1）测定粗集料（碎石、砾石、矿渣等）的颗粒组成。

（2）本方法也适用于同时含有粗集料、细集料、矿粉的集料混合料筛分试验，如未筛碎石、级配碎石、天然砂砾、级配砂砾、无机结合料稳定基层材料、沥青拌和楼的冷料混合料、热料仓材料、沥青混合料经溶剂提抽后的矿料等。

（3）为水泥混凝土配合比设计提供依据。

7.10.2 仪器设备

（1）试验筛：根据需要选用规定的标准筛。

（2）摇筛机。

（3）天平或台秤：感量不大于试样质量的 0.1%。

（4）其他：盘子、铲子、毛刷等。

7.10.3 试验步骤

（1）按规定将来料用分料器法或四分法缩分至表 7-7 要求的试样所需量，风干后备用。根据需要可按要求的集料最大粒径的筛孔尺寸过筛，除去超粒径部分颗粒后，再进行筛分。

表 7-7 筛分用的试样质量

公称最大粒径/mm	75	63	37.5	31.5	26.5	19	16	9.5	4.75
试样质量不少于/kg	10	8	5	4	2.5	2	1	1	0.5

（2）取试样一份置于 105℃±5℃ 烘箱中烘干至恒重，称取干燥集料试样的总质量（m_0），精确至 0.1%。

（3）用搪瓷盘作筛分容器，按筛孔大小排列顺序逐个将集料过筛。人工筛分时，需使集料在筛面上同时有水平方向及上下方向的不停顿的运动，使小于筛孔的集料通过筛孔，直至 1 min 内通过筛孔的质量小于筛上残余量的 0.1% 为止；当采用摇筛机筛分时，应在摇筛机筛分后逐个由人工补筛。将筛出通过的颗粒并入下一号筛，和下一号筛中的试样一起过筛，顺序进行，直至各号筛全部筛完为止，并确认 1 min 内通过筛孔的质量确实小于筛上残余量的 0.1%。

（4）如果某个筛上的集料过多，影响筛分作业时，可以分两次筛分。当筛余颗粒的粒径大于 19 mm 时，筛分过程中允许用手指轻轻拨动颗粒，但不得逐颗塞过筛孔。

（5）称取每个筛上的筛余量，精确至总质量的 0.1%。各筛分计筛余量及筛底存量的总和与筛分前试样的干燥总质量 m_0 相比，相差不得超过 m_0 的 0.5%。

7.10.4 结果整理

（1）计算各筛分计筛余量及筛底存量的总和与筛分前试样的干燥总质量 m_0 之差，作为筛分时的损耗，并计算损耗率，若损耗率大于 0.3%，应重新进行试验。

$$m_5 = m_0 - \left(\sum m_i + m_{\text{底}} \right) \tag{7-23}$$

式中：m_5——由于筛分造成的损耗（g）；

　　　　m_0——用于干筛的干燥集料总质量（g）；

　　　　m_i——各号筛上的分计筛余（g），i 依次为 0.075 mm、0.15 mm 至集料最大粒径的排序；

$m_{底}$——筛底(0.075 mm 以下部分)集料总质量(g)。

(2)分计筛余百分率。

干筛后各号筛上的分计筛余百分率按式(7-24)计算，精确至0.1%。

$$p_i' = \frac{m_i}{m_0 - m_5} \times 100 \qquad (7\text{-}24)$$

式中：p_i'——各号筛上的分计筛余百分率(%)；

m_5——由于筛分造成的损耗(g)；

m_0——用于干筛的干燥集料总质量(g)；

m_i——各号筛上的分计筛余(g)，i 依次为 0.075 mm、0.15 mm 至集料最大粒径的排序。

(3)累计筛余百分率。

各号筛的累计筛余百分率为该号筛以上各号筛的分计筛余百分率之和，精确至0.1%。

(4)各号筛的质量通过百分率。

各号筛的质量通过百分率 P_i 等于 100 减去该号筛累计筛余百分率，精确至0.1%。

(5)由筛底存量除以扣除损耗后的干燥集料总质量计算 0.075 mm 筛的通过率。

7.10.5 注意事项

(1)试验结果以两次试验的平均值表示，精确至0.1%。

(2)当两次试验结果 $P_{0.075}$ 的差值超过 1%时，试验应重新进行。

(3)对沥青混合料及基层用粗集料必须采用水洗法试验。

7.11 粗集料针片状颗粒含量试验

7.11.1 水泥混凝土用粗集料针片状颗粒含量试验(规准仪法)

(1)目的与适用范围。

①本方法适用于测定水泥混凝土使用的 4.75 mm 以上的粗集料的针状及片状颗粒含量，以百分率计。

②本方法测定的针片状颗粒，是指使用专用规准仪测定的粗集料颗粒的最小厚度(或直径)方向与最大长度(或宽度)方向的尺寸之比小于一定比例的颗粒。

③本方法测定的粗集料中针片状颗粒的含量，可用于评价集料的形状及其在工程中的适用性。

(2)仪具与材料。

①水泥混凝土集料针状规准仪和片状规准仪尺寸应符合表 7-8 的要求。

表 7-8 水泥混凝土集料针片状颗粒试验的粒径划分及其相应的规准仪孔宽或间距

粒级(方孔筛)/mm	4.75~9.5	9.5~16	16~19	19~26.5	26.5~31.5	31.5~37.5
针状规准仪上相对应的立柱之间的间距宽/mm	17.1 (B_1)	30.6 (B_2)	42.0 (B_3)	54.6 (B_4)	69.6 (B_5)	82.8 (B_6)
片状规准仪上相对应的孔宽/mm	2.8 (A_1)	5.1 (A_2)	7.0 (A_3)	9.1 (A_4)	11.6 (A_5)	13.8 (A_6)

②天平或台秤:感量不大于称量值的 0.1%。

③标准筛:孔径分别为 4.75 mm、9.5 mm、16 mm、19 mm、26.5 mm、31.5 mm、37.5 mm,试验时根据需要选用。

(3)试验准备。

将来样在室内风干至表面干燥,并用四分法或分料器法缩分至满足表 7-9 规定的质量,称量(m_0),然后筛分成表 7-9 所规定的粒级备用。

表 7-9 针片状颗粒试验所需的试样最小质量

公称最大粒径/mm	9.5	16	19	26.5	31.5	37.5	37.5	37.5
试样最小质量/kg	0.3	1	2	3	5	10	10	10

(4)试验步骤。

①目测挑出接近立方体形状的规则颗粒,将目测有可能属于针片状颗粒的集料按表 7-9 所规定的粒级用规准仪逐粒对试样进行针状颗粒鉴定,挑出颗粒长度大于针状规准仪上相应间距而不能通过者,为针状颗粒。

②将通过针状规准仪上相应间距的非针状颗粒逐粒对试样进行片状颗粒鉴定,挑出厚度小于片状规准仪上相应孔宽能通过者,为片状颗粒。

③称量由各粒级挑出的针状颗粒和片状颗粒的质量,其总质量为 m_1。

(5)计算。

碎石或砾石中针片状颗粒含量按式(7-25)计算,精确至 0.1%。

$$Q_e = \frac{m_1}{m_0} \times 100 \qquad (7-25)$$

式中:Q_e——试样的针片状颗粒含量(%);

m_1——试样中所含针状颗粒与片状颗粒的总质量(g);

m_0——试样总质量(g)。

7.11.2 粗集料针片状颗粒含量试验(游标卡尺法)

(1)目的与适用范围。

①本方法适用于测定粗集料的针状及片状颗粒含量,以百分率计。

②本方法测定的针片状颗粒,是指用游标卡尺测定的粗集料颗粒的最大长度(或宽度)方

向与最小厚度(或直径)方向的尺寸之比大于 3 倍的颗粒。有特殊要求采用其他比例时,应在试验报告中注明。

③本方法测定的粗集料中针片状颗粒的含量,可用于评价集料的形状和抗压碎能力,以评定石料生产厂的生产水平及该材料在工程中的适用性。

(2)仪具与材料。

①标准筛:方孔筛 4.75 mm。

②游标卡尺:精密度为 0.1 mm。

③天平:感量不大于 1 g。

(3)试验步骤。

①按《公路工程集料试验规程》(JTG E42—2005) T 0301 方法,采集粗集料试样。

②按分料器法或四分法选取 1 kg 左右的试样。对于每一种规格的粗集料,应按照不同的公称粒径,分别取样检验。

③用 4.75 mm 标准筛将试样过筛,取筛上部分供试验用,称取试样的总质量 m_0,精确至 1 g,试样数量应不少于 800 g,并不少于 100 颗。

④将试样平摊于桌面上,首先用目测法挑出接近立方体的颗粒,剩下可能属于针状(细长)和片状(扁平)的颗粒。

⑤将欲测量的颗粒放在桌面上成一稳定的状态,图中颗粒平面方向的最大长度为 L,侧面厚度的最大尺寸为 t,颗粒最大宽度为 $w(t<w<L)$,用卡尺逐颗测量石料的 L 及 t,将 $L/t \geq 3$ 的颗粒(即最大长度方向与最大厚度方向的尺寸之比大于 3 的颗粒)分别挑出作为针片状颗粒。称取针片状颗粒的质量 m_1,精确至 1 g。

(4)计算。

按式(7-26)计算针片状颗粒含量。

$$Q_e = \frac{m_1}{m_0} \times 100 \qquad (7-26)$$

式中:Q_e——针片状颗粒含量(%);

　　　m_0——试验用的集料总质量(g);

　　　m_1——针片状颗粒的质量(g)。

(5)注意事项。

①试验要平行测定两次,计算两次结果的平均值。如两次结果之差小于平均值的 20%,取平均值为试验值;如大于或等于 20%,应追加测定一次,取三次结果的平均值为测定值。

②试验报告应报告集料的种类、产地、岩石名称、用途。

参考文献

［1］交通运输部公路科学研究院.公路土工试验规程(JTG 3430—2020).北京：人民交通出版社，2020.

［2］交通运输部公路科学研究院.公路工程沥青及沥青混合料试验规程(JTG E20—2011).北京：人民交通出版社，2011.

［3］交通运输部公路科学研究院.公路工程水泥及水泥混凝土试验规程(JTG 3420—2020).北京：人民交通出版社，2020.

［4］交通运输部公路科学研究院.公路工程质量检验评定标准(JTG F80/1—2017).北京：人民交通出版社，2017.

［5］交通运输部公路科学研究院.公路工程土工合成材料试验规程(JTG E50—2006).北京：人民交通出版社，2006.

［6］交通运输部公路科学研究院.公路路基路面现场测试规程(JTG 3450—2019).北京：人民交通出版社，2019.

［7］交通运输部公路科学研究院.公路工程无机结合料稳定材料试验规程(JTG E51—2019).北京：人民交通出版社，2019.

［8］交通运输部公路科学研究院.公路工程集料试验规程(JTG E42—2005).北京：人民交通出版社，2005.

［9］交通运输部公路科学研究院.公路水泥混凝土路面施工技术细则(JTG/T F30—2014).北京：人民交通出版社，2014.

［10］交通运输部公路科学研究院.公路路基施工技术规范(JTG/T 3610—2019).北京：人民交通出版社，2019.

［11］交通运输部公路科学研究院.公路沥青路面施工技术规范(JTG F40—2004).北京：人民交通出版社，2004.

［12］刘小明，吴昊.路基路面实验.武汉：武汉大学出版社，2014.

［13］张美珍.公路工程试验与检测.北京：人民交通出版社，2003.

［14］乔志琴，张万祥.公路工程试验检测.北京：人民交通出版社，2017.

［15］邓德华.土木工程材料.北京：中国铁道出版社，2017.

［16］伍勇华，房志勇.土木工程材料测试原理与技术.北京：中国建材工业出版社，2010.

［17］安明喆，张桦.土木工程材料试验教程.北京：中国科学技术出版社，2010.

［18］北京土木建筑学会.建筑材料试验手册.北京：冶金工业出版社，2006.

［19］张金升.沥青材料.北京：化学工业出版社，2009.

［20］吴中伟，廉慧珍.高性能混凝土.北京：中国铁道出版社，1999.

图书在版编目（CIP）数据

公路工程试验与检测／刘小明，马昆林主编. --2 版.
长沙：中南大学出版社，2024.9.
ISBN 978-7-5487-6050-4

Ⅰ. U467.1；U41

中国国家版本馆 CIP 数据核字第 2024T4R645 号

公路工程试验与检测
GONGLU GONGCHENG SHIYAN YU JIANCE

刘小明　马昆林　主编

□出 版 人	林绵优
□责任编辑	刘　辉
□责任印制	唐　曦
□出版发行	中南大学出版社
	社址：长沙市麓山南路　　　　邮编：410083
	发行科电话：0731-88876770　　传真：0731-88710482
□印　　装	广东虎彩云印刷有限公司

□开　　本	787 mm×1092 mm 1/16　□印张 8.75　□字数 218 千字	
□版　　次	2024 年 9 月第 2 版　□印次 2024 年 9 月第 1 次印刷	
□书　　号	ISBN 978-7-5487-6050-4	
□定　　价	48.00 元